上流老人

不為金錢所困的75個老後生活提案

保坂隆——著
uko——譯

精神科医が教える一生お金に困らない老後の生活術

前言

現今無論是電視或報章雜誌上，經常充斥著「老後破產」、「下流老人」❶之類的聳動標題，也難怪步入老年的人會因此為將來感到憂心忡忡，而且似乎還有不少人因為太過不安，導致生理與心理都受到負面影響。

日本逐步邁入超高齡化社會是不爭的事實。然而，同樣都是銀髮族，有的人能積極享受自由的時光；有的人卻閒得發慌，終日鬱鬱寡歡；有人即使清貧儉約也能開心度日；也有人雖然擁有花不完的錢，心裡卻非常不踏實。

如此截然不同的生活方式，與其說是生活條件或環境差異造成的，不如說是思考方式或對事物的看法不同所導致的。在我們往後的生活中，包括年金在內，想必會出現林林總總的課題，而要度過這些難關，只能靠自己轉換想法。

❶ 下流老人，指生活水準在下層階級的老人。

俗話說得好，「薑是老的辣」。意思是人類會隨著年紀增長而累積經驗，並藉由這些經驗學習解決各種問題，畢竟銀髮族幾十年的歲月可不是白活的。在至今的人生中，我們經歷了許多辛苦與煩惱，但無論遇到什麼樣的問題，都因為我們一步步面對、解決，才能一路走來，始終活在當下。

充分運用過往的經驗，並靈活地展現智慧，聰明度過老後的人生吧！唯有如此，才能把我們帶往「不為金錢所困的老後」。

要做到這些，就得適時轉換思考模式並培養正確的生活習慣，我會在書中舉一些比較生活化的例子，盡可能具體介紹可以馬上運用在生活中的資訊與點子。

要是各位在閱讀這本書之後，能夠重新思考該如何使用金錢、如何規劃人生，度過豐富充實的下半輩子，那就太好了。

保坂　隆

Contents

第1章

靈活運用金錢

第2章

金錢買不到健康和安心

第3章

貫徹「斷捨離」，心靈充實又富足

第4章

千萬別忘了自己的人生只屬於自己

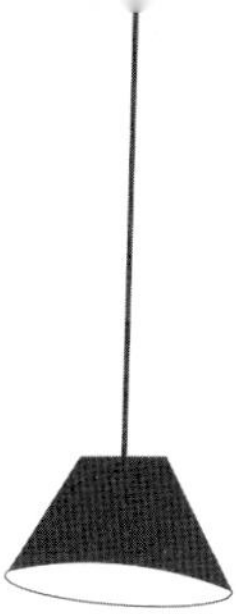

第1章

靈活運用金錢

退休金「不減少」好過「增加」

對普通的上班族而言，退休金應該是一輩子領到最多的一筆錢了。不過，大部分的人都沒有辦法好好把這筆錢留在手邊，他們必須拿這些錢去結清房屋的貸款或孩子的助學貸款，有些人的退休金甚至因此最後只剩下二分之一到三分之一左右。

在這樣的情況下，也就不難想像有人會對將來感到不安，想方設法要和「孔方兄」增進感情了。

不僅如此，現在許多銀行和證券公司還會大肆開設「金錢管理課程」、「第一次的投資教室」等講座，宣稱自己是「活用退休金的最佳選擇」，以此招攬客戶。

以下是某位男性的真實經歷。自從大學畢業進入職場以來，他心無旁騖地在專業領域認真打拚了三十五年，直到去年七月年屆退休，才終於可以回家享清福。大家都羨慕他以後再也不用當時間的奴隸，可以帶著老婆盡情環遊世界，然而令人意外的是，其實他在退休後不到一年內，就幾乎花光了所有的退休金。

「別人以為我在上市公司待到退休，退休金一定很多，但老實說最後領到的根本不到兩千五百萬圓，所以我才想靠投資多少賺一點。」

他過去完全沒有投資經驗，但因為在網路論壇和社群網站上看到各種留言，說什麼「一個月賺了兩千萬圓」、「這麼好賺，不賺的是傻子」等，心裡不禁覺得「自己應該也辦得到」、「哪有統統讓別人賺的道理」，於是開始自學投資。

沒想到失利接踵而至，兵敗如山倒。買了網路上宣稱「肯定上漲」的股票卻暴跌，因為太急著要挽回失誤，結果幾乎把剩下的退休金全都砸了進去。

親友聽說了這件事雖然相當吃驚，但這名男性自己卻一副滿不在乎、不以為意的樣子，旁人後來也就不再替他瞎操心了。有人問他：「你幾乎把退休金都花光了，為什麼還能這麼處之泰然？」

他答道：「我家的房貸已經繳清，孩子也都長大出社會，不需要再繳學費了。說穿了，我現在的人生只要有每天三餐的飯錢和死後的喪葬費就夠了。但我還是又找了一份工作，領少少的薪水也無妨，畢竟整天在家無所事事反而容易得到失智症，現在這樣還比較好——雖說我太太很生氣就是了。」

儘管聽起來像是自我安慰，但這些話其實頗有道理，要說箇中道理為何，那就是「退休後的生活並不需要太多錢」。

請靜下心來想想看。年屆退休的人大多應該都不必再養孩子了，既不用支付子女的教育費，也不需要為了小孩蓋新房子，也就是說，即便退休金比想像中來得少，也沒有必要勉強增加額外收入。何況心情為了股價起起伏伏，反而會替身心帶來莫大的壓力，倘若最後因此短命，反倒得不償失，就算增加再多資產也沒有任何意義了。

「有賺頭」的好事背後總是得不償失

說到底，人們真的有必要為了增加老本而負擔那麼高的風險嗎？雖然銀行的利息的確少得可憐，但大部分的投資不也都是血本無歸？有時候一千萬圓還會在一夕之間落得只剩下一百萬圓。

「可是網路和雜誌上都在分享賺錢的經驗，沒道理我就賺不到吧？」

想必多數人都是這麼想的。不過，人總是傾向於分享成功的事例，「吃虧」之類的糗事往往羞於對他人啟齒，所以在論壇和雜誌上出現的經常都是成功的經驗談。

另外，人類還具有「零和」的思考模式。零和是指當其中一方的利益增加時，另一方的利益就會減少。換句話說，當別人賺錢的時候，就會覺得自己有所損失。不過只要仔細想想，就會馬上明白這是一種非常弔詭的思考模式。

如果陷入這種想法，「不能只有別人賺到錢」的情緒就會愈發強烈，因而犯下意想不到的錯誤，最糟糕的情況是因此面臨老後破產。

光是因為「大家都在做」、「只有我一個人沒做」等理由便開始投資是行不通的。當「不做會吃虧」的焦躁感愈來愈強烈時，不妨在心中反覆默念「他們只是隨波逐流罷了，我可不像他們一樣意志薄弱」。只要這麼做，焦躁的心情便能緩和下來。

「我靠〇〇賺了△萬圓！」聽到別人得意洋洋這麼說時，把那筆金額乘上兩三倍，默默思忖「但這個人至今為止八成損失了×萬圓呢」，也不失為一個好方法。

總之，往昔的泡沫經濟時代和現在的世道已經不一樣了，「一味想著要多賺點錢」並非明智之舉，重要的是懂得「保存手上握有的資金，仔細思考和這筆錢相應的生活方式」。

至於已經失去退休金或房子的人也不必悲觀，上了年紀以後所需要的花費相當有限，只要打工或找新工作賺取生活費就夠了。整天為了已經過去、無法挽回的事悶悶不樂，對健康有百害而無一利，還是盡早轉移焦點的好。

別被「退休後需要好幾千萬圓」這種話迷惑

西元一九四七年，日本男性與女性的平均壽命首次超過五十歲，而如今，不論男女，日本人的平均壽命則都超過了八十歲。也就是說，人們以驚人的速度實現了長壽的願景。

活得久雖然是件好事，然而，這會不會也是另一種「過猶不及」？想到得因此花費更多錢，對於長壽這回事似乎就無法抱持著樂觀的態度——這樣的社會傾向愈來愈強烈了。

其中最大的問題在於退休後的開支。各類報章雜誌經常大談養老要花多少錢，而且無論哪一篇，提到的都是「需要好幾千萬圓」，金額可說相當龐大。

不過，誠如前面的章節所言，急著從現在開始增加收入是相當危險的。既然如此，該怎麼做才恰當？其實答案很簡單。即使聽說「退休後需要好幾千萬圓」，也不必有所動搖或感到不安，只要老實承認「賺不了那麼多錢」就好了。

如果本身很有錢，照理說確實可以過著豪奢的老年生活，但能不能因此買到幸福就另當別論了。

這一點從聯合國公布的「幸福指數報告」也可以明顯看出來。該份報告是聯合國將全球一百五十八個國家的幸福程度量化評鑑的結果，在二〇一五年度的幸福排名中，日本是第四十六名，甚至比前一年的第四十三名還要落後，在人稱八大工業國的先進國家當中敬陪末座。❷

至於名列前茅的國家則不出所料，是冰島、丹麥、挪威、芬蘭等以完善的社會保障制度聞名國際的北歐各國，但像是哥斯大黎加（第十二名）、墨西哥（第十四名）、巴西（第十六名）等，很多國民所得（ＧＤＰ）遠低於日本的國家卻也榜上有名。換句話說，有錢並不一定能買到幸福。

這些國家的幸福度之所以高，是因為生活上雖然多少有些拮据，但他們心裡明白自己只能接受現狀。正因如此，倒也就能夠堅定意志，自然而然習慣相應的開銷與生活方式，並從中發掘幸福。

❷ 至於二〇一六年的報告中，名列第一的是北歐國家丹麥，日本掉到第五十三名，台灣則稍微比前一年進步，躍升至第三十五名。

至於要怎麼在收入短少的限制下過日子？這時就應該斟酌損益、平衡開支，發揮長年累積的人生歷練截長補短。

祕訣之一就是「知足常樂」的生活態度。所謂的物欲是深不見底的，相反地，只要換個想法，滿足於當下，所有的欠缺和不滿就都會煙消雲散。

「貧窮卻感到滿足的人才是富豪，而且富可敵國。至於那些富有卻終日惶惶不安、擔心變窮的人，則好比凋零的冬天。」

這是莎士比亞的名言。

中國古代的哲學家老子也曾說過「知足者富」，意思是「知足的人即使貧困，精神上依舊充實而幸福」。

舉例來說，即使退休金比想像中來得少，也不為此發牢騷或感到擔憂，而是要換個想法，認清「懂得利用這筆錢思考如何開心過日子的才是聰明人」。對金錢心生不安時，不妨靜下心來好好想想這句話吧。

幸福的青鳥稍縱即逝

我目前的工作是為對抗癌症等重大疾病的病患進行心理照護。在與眾多病患面對面接觸的過程中，我發現，能夠克服癌症的病人有一項共通點，而這項共通點似乎在於「能否跳脫消極的心態，轉換成正面、積極的想法」。

進行化療的時候尤其能明顯看出個人的心態。治療的過程中，由於藥物副作用的影響，病患總會有一段暫時性的掉髮期。但有些患者不因此悲觀沮喪，而是戴上漂亮的帽子或繫上花俏的領巾，讓自己看起來更明亮動人。

Y小姐（五十六歲）正是這樣的一位患者。俗話說「頭髮是女人的第二生命」，女性患者特別容易因為掉髮的副作用而感到沮喪、失落、不願接受任何人的探視，但Y小姐卻說：

「原來帽子有這麼多種啊！」「很好看吧？」「這顏色適合我嗎？」

她每天都會戴上不同顏色與款式的帽子，活力十足地展現給前來探望的朋友和護士們看。

我認為所謂的正面、積極，就是發現生命中大家所忽略的小確幸。Y小姐擺脫了「頭髮掉了，好難過」的沮喪心情，把「帽子有很多種款式」這樣的小發現視為一種喜悅，沉浸在打扮自己的樂趣當中。

也許有的人不認為這點差異就能影響癌症的治癒率，但事實上，已經有研究證實消極、悲觀會降低免疫力，相反地，正面、積極的態度則有助免疫力回復到一般水準，甚至進一步提升免疫力。

那麼，假使沒注意到小確幸或隱藏在日常生活中的幸福，我們的人生會變成什麼樣子呢？答案就在比利時劇作家莫里斯・梅特林克（Maurice Maeterlinck）創作的童話劇《青鳥》中。

看過這篇童話故事的人應該不少吧？故事的大意如下：

有一對善良的小兄妹在夢中前往過去與未來的國度找尋幸福的象徵——青鳥，然而他們遍尋不著，怎知回到家後，發現以前就養在家裡的鳥竟然變成了青色。原來，幸福的青鳥就在自己家裡。

到這裡為止的情節大家應該都很熟悉，不過，《青鳥》的劇情其實還有後續。當小兄妹開心地以為找到了幸福時，青鳥卻轉眼之間朝天空飛走了——這才是故事真正的結局。

這樣的結局或許令人錯愕，但這正是人生的真實寫照也說不定。換句話說，如果沒察覺生活中的小確幸和身邊的幸福有多麼重要，它們瞬間便會消失得無影無蹤。

所以一家人得以住在同一個屋簷下、能夠吃到熱騰騰的飯菜、可以每天洗澡等，以往視為理所當然的所有事物其實就是幸福。希望各位都能夠理解，並發自內心感恩，如此一來，至今的不滿、不安和不幸，應該就會減少許多才是。

為對方付出，即使沒錢也能變得幸福

「讓他人幸福，就是最實在的幸福。」

這是瑞士哲學家亨利・佛瑞德里克（Henri Frédéric Amiel）的名言。

我們總是輕易認定「得到他人的付出才是幸福」，但這似乎是很大的誤解。

佛教提倡的「無財七施」中也有同樣的記述。所謂「無財七施」，是指七種不需要金錢也能布施的方法。在此介紹一下這七種方法：

一、**眼施**：常以友善的眼神視人。眼神交會是將想要建立友好關係的心情呈現出來的代表性動作，在交會時以友善的眼神視人，能使對方的心情更加祥和。單靠眼神就能帶給對方這樣的影響，不是一件很美好的事嗎？

二、**顏施**：別名和顏悅色施，意即露出和善或開朗的表情。即便金錢和健康方面的問題令你惶惶不安，也別因此愁容滿面，否則所有人都會離你而去，最終若失去朋友和傾訴的對象，只會讓自己愈來愈不安。相反地，如果露出和善的表情，除了你自己，周遭的人們也會被幸福的氣氛感染。因此愈是遇到不開心的事、快要陷入低潮時，愈要記得露出笑容。

三、**言施**：常以溫和的言語待人。人類是唯一懂得運用語言詞彙的生物，所以應該對這份恩惠心存感謝、謹慎發言。言語的影響力遠比你所想的還要大，單單一句話就能使人感到幸福。

盡量避免使用否定或負面的詞彙，即使發生令人不愉快的事，也千萬別激動大喊：「別開玩笑了！」憤怒會招來憤怒，因而引起意想不到的麻煩。「我覺得那樣不太恰當」、「可以請你再確認一次嗎？」換成這樣的說法，相信就能大事化小、小事化無。

四、**身施**：捨身為人奉獻。看到有人提不動重物時幫對方提一下，就是身施的一種，此外參加地方性的志工活動也一樣。問題在於許多人「雖然有意願，卻因為害羞而卻步」，光是有心是不足以讓對方幸福的，重要的是實際的作為。

五、心施：與他人的心情產生共鳴，以同理心對待。揣度他人的心情、感同身受固然困難，但要是有人感到喜悅，就當做是自己發生了好事那樣替對方感到開心吧！要是有人心裡受了傷，就盡己所能和他一起分擔那份痛楚吧！只要這麼做，喜悅將會加倍，痛苦則會減半。

六、床座施：樂於把自己的場所提供給他人。在捷運或公車上想坐下來的時候，請務必仔細環視周遭，說不定有人比你還需要這個座位。即使覺得疲累，也請敞開心胸讓座吧！

不過在讓座時，也要同時顧及被讓座的人的心情。最近似乎有愈來愈多銀髮族因為被讓座而生氣，氣惱地認為「讓什麼座，我還年輕得很！」不過既然有人好意讓座，最好的應對方式就是坦率說聲謝謝。拋開無謂的自尊，身段稍微放軟，僅僅如此，便能將幸福傳遞給讓座者和周遭的乘客。

七、房舍施：提供自己的房子給人遮風避雨。當一群人相約見面時，總是難以決定要在誰家聚會。如果有人要來家裡拜訪，就得花工夫打掃整理一番，所以我能夠體會想拒人於門外的心情。不過，遇到這種情形，其實更應該說「不嫌棄的話就來我家吧」。只要隨時做好家裡有聚會的心理準備，房子就能常保整潔，也能和許多人變得更親近。

對他人伸出援手，度過神采奕奕的人生吧

為某人做了某件事之後，得到對方一句誠懇的道謝，當下一定會感到很開心吧？那是因為對方高興的表情可以滿足我們的心靈。

就像這樣，被他人感謝關乎我們的生存意義，也能讓我們確定自己的存

在價值。我認為「無財七施」正好告訴了我們這個道理。相信各位已經注意到了吧？布施並非必然需要錢財，縱使沒有錢，能為別人做的事還是有很多。

不知道有哪些方法的人，不妨前往在地的銀髮人才資源中心登記看看。銀髮人才資源中心是在日本各都道府縣的首長許可之下組成的社團法人，目的在讓高齡人士透過勞動獲得生存的意義，並有助於活化在地社會。包括協助簡單的家務、在庭院裡除草、修剪院子裡的樹木、清理冷氣機和替換紙門等，工作的類型五花八門，但我想推薦的，是支援獨居銀髮族的志工活動。內容是和銀髮族聊聊天、陪他們上醫院、幫忙買東西等，雖然都是簡單的事情，但提供支援的一方卻因為幫助了需要幫助的人而能獲得成就感。

不僅如此，由於可以藉此活動筋骨，所以有維持自身健康的優點，而且每天擴展一點點與他人的關聯，也能留住隨年紀增長而失去的溝通能力。

要在日本的銀髮人才資源中心工作，必須符合下列三項條件，並且成為會員。

一、原則上須年滿六十歲，身體健康且有工作意願。

二、出席入會說明會。

三、繳交定額會費（依地區而異，大多是每年 千至三千圓）。

成為會員之後，就先試著登記自己可以勝任的職務，接著就會不定期有工作委託上門了。

我才不可能上當——愈是這麼想愈容易被騙

愈來愈多人在退休後仍然活用就業時的經歷，以各式各樣的形式貢獻社會。M先生（六十八歲）過去是消費者保障的專家，現在依舊奔走於全國各地舉行演講等，呼籲大家防範以銀髮族為主要目標的特殊詐騙（匯款詐騙以及手法相似的其他詐騙）。這位M先生曾告訴我一個很有意思的故事。

「我一邊介紹匯款詐騙的真實案例，一邊告訴聽眾：『大家要小心，千萬別被騙了！』但台下的聽眾們聽了我的話卻笑成一片。我不明白他們為什麼笑，所以問了其中一位：『這很好笑嗎？』那個人說：『像那種騙小孩的伎倆，我怎麼可能會上當！』其他人聞言也跟著點頭如搗蒜。」

然而事實恰恰相反。

「根據日本警視廳以銀髮族為對象所做的調查顯示，被詐騙的受害者當中，有八成左右都回答過『我以為自己不會上當』。此外，回答『從沒想過自己會遇上詐騙』的人也有一成以上。這就表示，大部分的人都太掉以輕心了。」

不僅如此，他還告訴我受害者遭逢詐騙之後的說詞。

「舉例來說，有位七十八歲的女性接到佯稱是自己兒子的人來電，被騙走了好幾百萬圓，她說：『我原本以為自己兒子的聲音我一定認得出來，沒想到一接到苦苦哀求我幫忙的電話，頓時就無法判斷真假了。』另一位七十五歲的女性同樣依照佯稱自己兒子的嫌犯指示，從銀行匯出鉅款，她後悔莫及地說：『櫃台的人問了我好幾次匯錢要做什麼、匯進去的是誰的戶頭，可是因為兒子跟我說急著要用錢，我就堅持說沒關係，硬是請人家幫我把錢匯過去了。為什麼那個時候我不聽櫃台小姐的勸呢……』還有一位六十九歲的男性說：『我怕是匯錢的詐騙，所以還回撥電話確認，對方當然跟我說不是，於是我就相信了。』結果當我介紹完這些案例以後，會場的聽眾便再也笑不出來了。」

把別人的聲音認做自己兒子的聲音，聽起來或許很離譜，但想光靠聲音辨認出某人實際上是相當困難的。況且我們的大腦還有「一旦認定某件事，就會以它為判斷基準」的傾向。

換句話說，要是打從一開始就認定對方是「自己的兒子」，即使聲音聽起來不太像，或是講述的內容有所出入，我們也會任意替對方套上「他可能感冒了」、「他一定很慌吧」等理由，擅自提出自認為合理的解釋。

除此之外，銀髮族還有一個容易上當的原因，這個原因與我的專業領域有關，亦即失智症。

有一說指出，我們的腦是組合了「流動智能」和「結晶智能」後才進行活動的。根據這項說法，所謂流動智能掌管的是計算能力與記憶力，過了三十歲就會開始衰退。上了年紀以後記性變差、常常忘東忘西，正是流動智能隨著年齡增加而衰退的證據。

至於結晶智能，則是和判斷力與統合力相關的智能。結晶智能隨著年齡的增加而衰退的例子雖然極為少見，不過一旦罹患失智症，結晶智能就會迅速衰退。因此，年輕時雖然可以輕易判斷「這個人說話前後矛盾」或者「這是詐騙手法」，但當同樣的情形發生在老年人身上時，他們就容易上當受騙了。

不僅如此，由於失智症是一種患者和家屬都難以接受的病症，故肇因於這種病症的詐騙受害案例目前仍在持續增加。

不輕信他人，不聽信好康

既然如此，怎麼做才能降低受騙的風險呢？關於這一點，前面提過的M先生也傳授了我一些祕訣，介紹如下：

「最重要的是別對自己太有把握，自以為『我不會被騙』。這麼說雖然不太中聽，但接到電話的時候，請回想一下『防人之心不可無』這句話，對方的說詞切勿照單全收。

比如近來的匯款詐騙手法相當狡猾，會強調自己的『電話號碼換了』，或是宣稱『快被炒魷魚了，不要打電話到公司來』等。這種時候千萬不要盲目相信對方的說詞，一定要試著撥打以前的電話號碼，或是和對方的公司取得聯繫，說不定一通電話就能讓你免於被詐騙。

此外，在銀行和郵局絕對要乖乖聽從櫃台行員的話。畢竟上了年紀的人常常不自覺變得固執、聽不進別人的勸，但對方是專業人士，聽專家的肯定不吃虧。

或是在家養成習慣，把電話預設成答錄機模式，先確認來電者的身分後再接起電話，也不失為一個好方法。最近日本還有一種來電時會響起『為防範匯款詐騙等犯罪，本通電話的對話內容將自動錄音』等警告訊息的通話錄音裝置。順帶一提，根據消費者廳❸表示，安裝這個裝置的家庭中，約有四分之三愈來愈少接到可疑電話。日本有許多地方自治團體可以租借這個通話錄音裝置，不妨向當地的區公所洽詢。」

此外，假借投資名義騙人上鉤的詐騙案也愈來愈多，不過，要看穿這類手法相當容易，那就是認清世上絕對不會有「別人都不知道的好康」、「錯過這次機會不再」等天上掉下來的禮物。

另外也要切記投資詐騙其實有一些足以辨識的特徵，就是歹徒會用為社會帶來莫大影響或是媒體頻繁炒作的主題當做「熱門商品」來勸誘你。

在最近的投資詐騙受害案例中，號稱擁有最先進技術的詐騙案特別引人注目，像是獲得諾貝爾獎的「iPS細胞」，或是才剛開始在日本近海進行生產實驗的海洋能源等。

雖然詐騙內容是虛構的，但是因為相當具話題性，如果一知半解地聽下去，就會不自覺落入圈套。

只要冷靜分析對方所說的話，應該就會察覺「不對勁」、「哪裡怪怪的」，畢竟詐騙的手法愈來愈巧妙，再怎麼謹慎也不為過。

❸消費者廳，日本官方的消費者保護機構，旨在維護消費者權益。

對年齡有所自覺，凡事量力而為

《般若心經入門》是臨濟宗僧侶松原泰道禪師的名著，這本刷新紀錄的暢銷書，各位或許已經看過了。據說松原禪師步入老年之前，便已奉行「三不原則」，即「不勉強」、「不浪費」、「不懶惰」。

沒有人會習慣變老這件事，要說原因，就是因為直到變老之前，人們都不曾經歷過衰老。因此約莫五十五歲以後，人就會開始產生「難道我老了嗎？」的不安。而引發不安的契機很多，大部分是源自健忘或體力衰退。

我不會要各位「別感到不安」，但我希望大家別抗拒變老，因為那是不可能的事。我認為坦率接受變老的事實、開始量力而為是一種智慧，可以讓人在年老之後仍然朝氣蓬勃地過生活。

那麼，所謂「不勉強」是什麼意思呢？提示是「八分飽」。老了之後，還要再從八分當中減去一兩分，把一切事物都控制在六到七分最為適中。

當然，這並不僅限於飲食。例如以往每年旅行五次的話，上了年紀之後就改成三次；過去一個禮拜跑步十公里的話，就縮減到六至七公里。

話說回來，不曉得各位知不知道「for the young and the young-at-heart」這句標語？

看到這句話，應該有人會覺得十分懷念吧？它是一九六〇年代風靡一時的服飾品牌 VAN Jacket 的廣告標語。如果翻成中文，意思近似「獻給年輕人與擁有年輕之心的人」。

不曉得是幸還是不幸，正如這句話所暗示的，人的心理衰退的速度不如體力那樣快，所以有不少人即使年紀漸長，仍然持續著和年輕時相同的生活。常保一顆清新潤澤的心固然很好，但要是努力過了頭，只會流於魯莽行事。雖然不需要悲觀認為「誰教我老了」，但在被周遭的人指指點點「老了還不自量力」之前，對自己的年紀有所自覺是相當重要的。

比平常多一點點的奢侈就能夠取悅大腦

從上市企業退休以後，有的人會選擇兼職，這位現年六十九歲的男性也是如此。但據說每年有二到三次，他會將自己打理得極為體面，然後前往東京市中心的知名餐廳享用豪華的午餐。對於以微薄收入度日的他而言，這是無上的奢侈，可以令他度過極為幸福的時光。

那麼，這究竟算不算是一種「浪費」呢？我認為這並不算浪費。畢竟一味過著刻苦儉約的生活會逐漸累積壓力，等到再也忍不住的那一天，所有情緒會一鼓作氣猛烈爆發出來。

要是演變成這樣可就麻煩了，到時我們往往會把省吃儉用存下來的錢拿去買不必要的東西，或是砸大錢豪賭，到頭來只剩下後悔莫及和自我厭惡。為了避免這種後果，事先準備一些給自己的獎勵是很有效的做法。因為人只要對等在前方的獎勵心存期待，便能沉住氣屏息以待，即便有其他想要的東西，也會說服自己忍耐，暫時還就眼前僅有的。

「其實這份工作讓我覺得很痛苦，但只要一想到一切都是『為了那份午餐』，我就不覺得那麼痛苦，也能提起幹勁工作了。」

他說，當獲得自己送給自己的奢侈獎勵時，精神就會完全恢復，可以重新振作，讓心思逐漸回到兼職工作上。

要用這類體驗取悅大腦是有訣竅的，那就是做對自己而言比平常奢侈一點點的事。以這位仁兄的情況來說，就是由於選擇了奢侈的午餐，所以產生了取悅大腦的效果。

因為當大腦經歷到不同於日常的體驗時，會感應到強烈的刺激，和日常生活的落差愈大，腦部的反應也會愈大，從而使情緒高漲。

除了用餐這類事項外，其實也可以利用身邊現有的物品來品味奢侈。有一位女士約莫五年前喪夫，在那之後，她便靠著遺屬年金過日子，照理說手頭並不算寬裕，但她卻總是一副祥和富足的樣子，傳達出心靈豐富的生活氛圍。

「她那充實的氣息究竟是從哪裡散發出來的？」

我一直為此感到不可思議，問了認識的人以後，他跟我說了一個很有意思的答案。

「我認為那是從每天的生活中散發出來的喔。我每次去她家，她家總是裝飾著應景的擺設。春天來的時候，精緻的小花瓶裡就會插著油菜花；五月快到了，壁龕裡頭就會放上一副小巧的甲冑❹。看到那些物品，連我的心都跟著充實了起來呢。」

光是為了欣賞而陳設那些物品，說來或許相當奢侈，但要是生活與心情因此變得充實，那就不算是奢侈浪費了。

不僅如此，那名女士用來裝飾的擺設大多是在義賣會或跳蚤市場找到的，聽說幾乎都不超過一千圓。從眾多物品中精挑細選出閃耀動人、別出心裁的一款，這種行為本身也有助於充實心靈、活化腦部。

熟年離婚是「糟蹋金錢」

「大我十歲的老公退休之後，我每天都在家跟他大眼瞪小眼，渴望自由的心情因此愈來愈強烈。所幸老公也能夠理解我的感受，於是我們協議離婚，和平分手了。剛恢復自由之身那陣子我非常享受，不但去旅行，還談了戀愛，可是年過六十的我沒有什麼工作的熱忱，關心我的人也都不在了，讓

❹ 指五月五日的日本兒童節，習俗上會在室外懸掛鯉魚旗、在家中擺飾甲冑。

我不禁開始對一個人生活感到不安。因為積蓄愈來愈少，所以現在是靠三個孩子在養。其實我很後悔，早知道會變成這樣，當初多忍耐一點就好了，何必離婚呢！」

這段獨白來自一位貿然選擇「熟年離婚」的六十三歲女性。順帶一提，熟年離婚並不是指「中老年夫妻離婚」，而是指「結婚超過二十年的夫妻離婚」。

根據日本厚生勞働省的調查顯示，熟年離婚有增加的趨勢，分析箇中的原因大致有下列兩個：

第一個原因是嬰兒潮世代的人開始一個接一個退休。過去每天出門上班的丈夫現在整天窩在家裡，不少妻子為此感到無形的壓力，這就是名為「丈夫在家壓力症候群」的心病。然而在許多案例中，丈夫都沒有發現妻子所承受的壓力，所以後者才會爆發不滿，最後以離婚收場。

另外一個原因是日本政府藉著改革年金制度，導入了「離婚年金分配制」，即使夫妻離婚，妻子仍然可以分配到年金。話雖如此，但並非是拿整筆年金來分配，而是在扣除基礎年金後的報酬比例部分中，以婚後所繳交金額的二分之一為上限。這筆錢畢竟不算太多，所以才會有評論家指摘：「說穿了，熟年離婚不過是共享貧窮罷了。」

最近，多位房客住在同一個地方的合租公寓據說很受歡迎，這類公寓的客廳和廚房是房客們一起使用的公共空間，最大的優點是租金便宜。相對而言，兩個已經同住多年的人一旦分開，則會面臨完全相反的情況。也就是說，屆時生活上的開銷不再像以前那樣可以只出一半，如果搬到租金較高的公寓，一個人生活的開銷甚至和兩個人同住差不多。

有些人可能會認為「離婚後可以去投靠孩子」，不過早已離開父母親身邊、擁有自己家庭的孩子其實是無法指望的。畢竟他們這些年輕世代很可能正為了房貸和小孩的學費而省吃儉用，沒有多餘的房間供父親或母親住，老一輩說不定還會被孩子的另一半露骨地冷眼相待。

因此，經濟上若不是相當寬裕，就得先做好心理準備，熟年離婚後等著你的，是比你的覺悟更加嚴酷的日子。

為了健康活到老，應該避免熟年離婚

各位是否已經明白熟年離婚是一件浪費錢的事了呢？不過，你有沒有發現糟蹋某樣東西其實比糟蹋金錢還要可惜？那就是相互扶持至今的人生。

應該沒有哪一對夫妻結婚後一直都順心如意的吧？說不定有的夫妻早就在離婚或不離婚之間掙扎過好幾回了。反過來說，彼此應該也曾共度過如沐春風的日子，那時世界上的一切看起來都是那麼美好。請回想一下孩子誕生的那一天，以及第一次上學和上班時的情景吧！

和你擁有這些共同記憶的，除了另一半別無他人，如今貿然破壞這樣的關係，豈不是很可惜嗎？

「跟我說這些又有什麼用，我已經受夠了！」也許有人會這麼說，即便如此，我還是不建議離婚。一部分的銀髮族在離婚之後確實過著幸福的日子，但另一方面，悲慘的故事也是一則又一則傳到我耳裡，像是「工作沒了，成了無業遊民」、「因為是自己說要離婚的，所以分不到半毛錢」、「原本嚮往梅開二度，沒想到對方已經和別人結婚了」等等。

如果罹患丈夫在家壓力症候群，不妨在表面上姑且維持婚姻關係，實質上則暫時分居。久違的——或者對某些人來說是人生第一次的——獨居生活應該會充滿刺激，能夠藉此轉換心情。只不過，可別光是因為財力不足以展開獨居生活，就跑到孩子家裡借住。為了消除自身的壓力而把另一種壓力加諸在孩子與孩子的另一半身上，完全是本末倒置的做法。

以下是一名曾經和丈夫長期分居的女性（六十八歲）的故事，分居的理由正是丈夫在家壓力症候群。

「我其實很想要爽快離婚，但兒子當時還在念書，所以我們一直維持著夫妻關係，直到我五十四歲那年才分居。沒想到到了六十歲，丈夫的身體變差，他試探性地問我：『我想和妳重新來過，妳能不能考慮回來這個家？』雖然我很怕壓力症候群復發，但又不忍心棄攜手走過幾十年的丈夫於不顧，所以還是回去了。不可思議的是，我和丈夫之間的關係竟然比以前好很多。我想，一定是我們在漫長的分居期間都深深反省過自己的任性，所以更能理解、珍惜結褵幾十載的可貴吧。丈夫也不再像以前一樣凡事都只想到自己，而是變得能夠體諒我的心情了。」

雖然稱為另一半，但另一半原本也只不過是陌生人，和對方一起生活或許充滿了壓力。不過，這名女性後來還說：

「我終於了解到，有個伴和自己共度一生所帶來的精神安定感，是遠遠超乎自己想像的。」

順帶一提，美國楊百翰大學的研究調查結果顯示，獨居的銀髮族死亡率高達百分之三十二。

英國的歷史學家湯瑪斯・富勒（Thomas Fuller）曾經說過一句名言：「婚前張大眼，婚後半瞇眼。」為了長壽著想，在某種程度上相互忍讓以維繫婚姻，似乎還是比較理想的做法。

夫妻和睦與否和金錢無關

由於熟年離婚的問題日益嚴重，因此我打算更深入談一談這個主題。

日本人的平均壽命近年來有了飛躍性的成長。一九五五年被定位為高度經濟成長期的開端，當時日本男性的平均壽命僅有六十三歲，即使在大企業任職，五十五歲退休也是很普遍的情況，因此退休後所剩的壽命平均為八歲左右。

如今，日本男性的平均壽命已經超過八十歲，若在六十歲退休，之後夫妻一起生活的時間將長達二十年以上，比以往都來得久。能否開心幸福地度過這段漫長的歲月，與金錢無關，而是關乎夫妻兩人的心。

一年內在同一塊耕地上栽種兩次不同的作物，在日本稱為「二毛作」，比如麥子收成以後在田地裡灌滿水種植稻米等。

我認為退休以後的夫妻關係就像二毛作一樣。在丈夫退休之前，夫妻一天裡真正見面的時間沒有那麼多。在那段期間內，妻子雖然忙於育兒及家務，但俗話說得好，「山中無老虎，猴子當大王」，因此她們多少還是可以享受屬於自己的時光。據說當中還有一些太太會約三五好友去飯店享受豪華午餐呢。

但是，丈夫退休後的情況可就完全不一樣了。

丈夫一天到晚窩在家裡，妻子既沒有自己的時間，也沒有可以自由運用的金錢，壓力日積月累，最後就變成「丈夫在家壓力症候群」這種心病的好發對象。

為了避免這類橫亙於夫妻間的精神傷害，就像二毛作一樣，「退休前和退休後應該建立不同的人際關係」，抱持著這樣的觀念是很重要的。

當然，這並不是只有其中一方努力就好，而是兩個人要互相為對方著想。

至於落實的方向，不妨參考「銀髮族退休後生活情報指南」網站所介紹的問卷結果。從中可以得知，日本嬰兒潮世代的丈夫有百分之八十以上「相當期待退休」，但卻有將近百分之四十的妻子認為「丈夫退休令人憂鬱」。

對於退休這件事，丈夫和妻子的想法顯然有很大的落差，尤其男性如果不事先做好功課、了解這種明顯的認知差異，最後就會導致熟年離婚。

愈稱讚對方會變得愈幸福

那麼究竟該怎麼做，夫妻才能在退休後和睦共處呢？

說到底，金錢也買不到解決問題的良藥——不，倒不如說如果有錢，妻子反而會為了排解「不願和老公面對面」的心情，而想盡辦法找各種藉口外出吧。如此一來，兩顆心的距離顯然只會愈來愈遠。

重要的是不逃避，並且積極思考在退休後的全新環境中，應當如何改善夫妻關係。

要點有兩個，那就是「不否定對方說的話」以及「稱讚對方」。

也許你會訝異重點竟然只有這兩件事，但如果從早到晚被對方嫌棄，意見又被接二連三否定，無法喜歡對方也是理所當然的吧？

反之，如果有人認同你的觀點、不吝稱讚你，雙方的對話自然而然就會熱絡起來。彼此能夠對話，心意就會相通。因此，即使想反駁對方所說的話，也請先忍一忍，試著開口附和「你說得沒錯」。

有一段古典單口相聲的段子叫做「稱讚孩子」，描述主角八五郎因為不懂得說好話，凡事總是吃虧，一位老人家看不下去，於是向他提出忠告，要他學著說場面話。由於是單口相聲，所以故事以八五郎的失敗告終，但其中傳達的道理，就是只要會說令對方高興的話，人際關係就會圓滿。

最近的年輕世代即使在人前也不害臊，大方稱讚彼此「帥氣」、「可愛」，傳簡訊的時候似乎也會頻繁使用「我愛你」、「我喜歡你」這類句子。

我認為只要是人，都會想被稱讚、被認可，這種心情叫做「尊重需求」，即便知道只是場面話，但被稱讚就是會忍不住感到開心，正是出於這種心理作用。

退休後的夫妻也別輸給年輕世代，試著多稱讚彼此吧！只要這麼做，兩個人的關係肯定會好轉。

請別推說「都結婚那麼多年了，已經找不到他有什麼好稱讚的地方」。生活中的每件事其實都值得稱讚，像是「今天的味噌湯真好喝」、「那件衣服真好看，你穿起來顯得年輕多了」等等。

這不是「稱讚孩子」，而是身體力行「稱讚丈夫」或「稱讚妻子」。只要能像這樣度過退休後的漫長生活，便不至於面臨「熟年離婚，互享貧窮」的困境。

為什麼身後會想留下一筆錢？

谷川俊太郎是日本極具代表性的詩人之一，除了詩作以外，還有散文、翻譯、劇本、圖文書、歌詞等作品，在各個領域都相當活躍。他的著作曾被翻譯成英語版、法語版與德語版等，受到世界各地的讀者支持，因此，說他是全球聞名的國際級詩人也不為過。

前陣子，難得看到谷川先生上電視節目，一番發言相當符合他放浪不羈的詩人風範，令我佩服得五體投地。

訪談中，當被問到「現在最想做什麼事」時，谷川先生竟然回答：「我想死一次看看。」

重點在於「一次」這個字眼。如果他只有說「想死看看」，聽起來就像是想自殺的人在喃喃自語，不過因為加上了「一次」，可以知道谷川先生真正的用意是「想體驗一次陰間的世界」。

我是個醫生，多少目睹過人類死亡的現場，但是，我至今無法確信陰間是否真的存在。瀕死體驗者的故事最近時有所聞，但說穿了，他們只是曾經瀕臨死亡，並不是真的死了。嚴格來說，他們並不算是體驗過死後的世界。所以，我本人其實也和谷川先生一樣，認真想要「體驗一次陰間看看」。

無數的人長眠於過往，但是，沒有人是完全死亡後，又在這個世界復活。因此陰間有些什麼、等待著我們的是怎麼樣的世界，我們一概無從得知。

唯有一件事是我們可以想像得到的，那就是「金錢在那個世界不具意義」。

也許有人會疑惑「不是有句話說『有錢能使鬼推磨』嗎？」這句俗諺雖然在日本被解釋為「金錢萬能，甚至可以影響地獄的審判」，實際上卻是來自一段軼聞，內容是「村裡的老人家過世後，本來應該前往地獄，但因為他把財產全部分給村民，所以最後得以前去天國」。

既然沒辦法把錢帶到陰間，趁活著的時候開心花用手邊的錢似乎也不錯，至少我是這麼想的。

留下金錢不如留下回憶

各位應該也聽說過這樣的新聞吧？小氣出了名的老人過世後，大家才知道他留下一筆驚人的鉅款和高價美術品。退一百步來說，假使他是把吝嗇當興趣，那麼本人一定相當樂在其中，也算是得償所願。但是，如果他是費盡千辛萬苦才存下那些自己花不了的錢，那麼他的人生是否真能說是圓滿了呢？

事實上，W小姐的公公也是這樣的人。他總是穿著破衣、舊鞋，想方設法不開燈、不用暖氣，當然，三餐的費用也是控制在最低限度，每次逛超市都只買快到保存期限的特價品，過著不折不扣的儉樸生活。

「因為他是那種個性，所以和他相處根本開心不起來。我們很少見面，偶爾回老家玩，帶回去的伴手禮也會被嫌浪費，真的很惱人。說什麼『買這麼貴的東西太浪費了！』、『要節省一點！』現在回想起來，我還是覺得就算他心裡嫌我們浪費，表面上至少可以跟我們說句『好吃』吧？」

W小姐的公公在將近九十歲時離世，整理遺物時，家人才知道他擁有上億圓的存款。

「周遭的人都說我們很幸運，能得到一大筆財產，但我卻一點都不高興，反而覺得很難過。節衣縮食到那種地步，人生到底還有什麼樂趣？為什麼不在自己還活著的時候好好享受人生呢？」

她的公公也許是為了孩子著想才留下財產，但是對於被留下的孩子而言，父母親能在有生之年盡情享受才是最好的。

話雖如此，沒有人會知道自己還剩下多少時間，說穿了，我們根本不願去想像自己哪一天會死掉，所以貿然把錢全部花光會讓我們感到不安。

不過，要是過度被「把錢全部花光以後該怎麼辦」的不安所囚，導致無法好好享受活著的樂趣，豈不是本末倒置？

一位八十出頭的男性曾經說過這樣的話：

「現在回頭看，我覺得我這一生很幸福，但只有一件事令我感到遺憾，那就是，我沒有堅持我的興趣持續登山。因為怕浪費錢，所以我在退休時就戒掉了這個習慣，過了七十五歲以後，雖然想要在死前再爬一次三千公尺等級的高山，但已經來不及了，離開山的時間太久，我的體力已經跟不上了。」

許多事是只有年輕的時候才能做到的。再怎麼節省，金錢也買不到青春，最後很可能導致「回過神來已經一把年紀，再也無法做想做的事了」。總歸一句話，請各位趁身體健康、精神奕奕時，把現在能做的事、能充實度過每一天的事擺在第一位。

「留下金錢死去的人在下位，留下工作死去的人在中位，留下人而死去的人在上位。」

這是過去在關東大地震中發揮長才的政治家後滕新平所說的話。與其徒留錢財，還不如用那筆錢替周遭的人留下珍貴的回憶，才是度過老後生活的正確方法。我是這麼認為的，你們呢？

徹底活用行政服務

有一位七十一歲的獨居男性，通過了要支援（將來有需要照護的可能而提供支援）的資格認定，僅靠微薄的年金度日。雖然經濟狀況不算寬裕，但他總是給人乾淨舒服的印象，從我這個醫師的角度來看，他的健康狀態也相對良好，而且頭髮整理得很整齊。

有一次我對他說：「你看起來總是很有精神呢，髮型也總是用心整理過。」一說完，他像是看透我的心思般回答：

「因為區公所對我照顧有加啊！我的腳不好，不能去太遠的地方，所以請區公所找人來幫我剪頭髮。我以前繳了那麼多稅，現在能用的服務當然要用到底囉！」

研究高齡老人問題的專家表示，在不久的將來，銀髮族當中有九成都可能變成生活困苦的人。我認為生病和貧窮很相似，因為兩者都是惡化以後就很難再恢復。那麼，該怎麼做才不至於耽誤挽救的時機呢？

答案就是盡可能利用行政服務。

近來，所有的地方政府都致力落實以銀髮族為對象的行政服務。雖然在銀髮族當中，有人對這類行政服務敬而遠之，表示自己「不願接受施捨」，但其實這些服務絕對不算是「施捨」，將來還會成為有益於政府行政的措施。

因為老人家的病情加重或傷勢惡化、臥病在床時，政府行政的負擔會變得無限大，從這個角度來看，如果健康的銀髮族增加，就可以減少照護服務與醫療保險的支出，也就是所謂的「未雨綢繆」。因為有這麼正當的理由，所以我們既不用客氣也不必拒絕，應該多加利用派得上用場的行政服務才是。

只不過，地方政府似乎不太會鼓勵大家利用行政服務，所以必須自行調查有什麼樣的服務，調查之後你應該會大吃一驚——沒想倒行政服務竟然還可以幫我們做這種事啊！

部分地區甚至免費發放紙尿布

行政服務的種類和內容，依地方政府不同而有所差異，一般而言，大致有以下數種。

- **垃圾清運支援**：有的銀髮族即使想倒垃圾體力也無法負荷，或是無法做好資源分類，尤其各鄉鎮的垃圾集中處往往離住家有一段距離，有些老人家實在沒辦法自己拿到指定地點，這時就可以利用「垃圾清運支援」。

例如在千葉縣千葉市，擁有要照護等級二到五級、殘障手冊一到二級、精神障礙者保健福利手冊一級、智能障礙療育手冊◯A級或A級，抑或是通過市長認可需要支援的人所組成的家庭，就能享有把垃圾清運到垃圾集中處的服務。

● **到府理容、美容服務**：專業的理容師、美容師親自到府服務。

以橫濱市為例，大抵是六十五歲以上、符合要照護等級四或五級，且被認定不方便外出的人，抑或符合要支援、要照護等級一到三級，由福利保健中心所長判斷整體身心狀況、外出方式、居住環境等情形後，認定有特殊需要的人可以利用這項服務，使用費為一次兩千圓（剪髮或者兼造型），各鄉鎮市的條件和補助金額各有不同。

● **送餐服務**：顧名思義，是配送餐食的服務。

以大阪市為例，獨居或同居者皆為銀髮族的六十五歲以上長者中，符合要支援等級一、二級或要照護等級一到五級，三餐難以自理，抑或被認定有改善營養的必要性、被判斷為需要靠送餐來確認安危的人，便可以利用這項服務。另外還有一種陪同用餐的「情感交流型送餐服務」。

送餐服務當然也要收費，不過因為獨居生活總是容易導致營養不均衡，為了維持身體健康，建議高齡獨居長者一定要利用這項服務。

- **紙尿布發放制度：**如果是需要照護的高齡長者，就得支出紙尿布或照護餐等照護用品的費用。因此在大阪府堺市，對於臥床或失智症的銀髮族中時常需要使用紙尿布的人，會發放可換取紙尿布的兌換券（一個月發放一張，一張上限九千圓）。
- **反向抵押貸款：**這是一種以自家做為擔保，由地方政府出借金錢供其自由使用的服務。契約內容是在借貸人死亡或是借款金額達到貸款額度時，拍賣房屋一次還清債務。

可借貸的金額約是不動產估價金額（估價金額大多必須在一千五百萬圓以上）的七成左右，每個月不得超過三十萬圓。條件為家庭成員的年齡皆在六十五歲以上、家庭所得符合不需繳交居民稅的低所得門檻、無配偶或雙親以外的同居人等，詳細的情形不妨洽詢各地區公所。

第2章

金錢買不到健康和安心

生病或受傷時感到不安是人之常情

「自從三年前丈夫過世後，我就開始了獨居的日子，說不寂寞是騙人的，但生活上倒也沒有什麼不方便。雖然我已經打定主意，到死之前都要像這樣一個人住在熟悉的家裡，但自從去年年底生病後，我的決心就開始動搖了。發燒時自己一個人躺在床上覺得好不安，心想要是感染流感、就這樣死掉的話怎麼辦……好幾次想叫救護車，又怕被鄰居說閒話，忍到第三天燒退了些，才敢搭計程車去醫院。幸好不是流感，但經過這件事，我深深感覺到獨居生活的寂寞與不安，『孤獨死』❺這個字眼好幾次掠過我的腦海。」

這是一名七十一歲女性的獨白。

受了傷或生了病，只要是人都會擔心害怕，獨居的人尤其能夠感同身受。無病無痛的時候，還可以逞強說「我一個人也沒問題」，一旦身體不聽使喚或臥病在床，就會開始覺得自己「還是需要別人的幫助」。

這種擔憂如果持續膨脹，「自己可能會面臨孤獨死」的不安就會盤踞在腦海，怎麼也擺脫不掉。而且令人意外的是，年輕時愈是沒生過病的人，愈會強烈受困於這種不安。

有一位身高超過一百七十五公分、肌肉發達的男性表示，年輕時從沒遇過身材比自己好的人，即使是在第二次世界大戰剛結束的混亂時期，他的營養狀態還是維持得很好，也沒有得過麻疹和流行性腮腺炎以外的病。

但是在邁入七十四歲的那年，他健康的身體出現了輕微的異常——某一天，他發現右耳的聽力突然變差了。雖然跑遍各家醫院、做了各種檢查，卻完全找不出原因。儘管並不是全聾，但他很沮喪，覺得自己年紀大了，有朝

❺孤獨死，指獨居者在家中死亡而無人察知的情況。

一日身上的其他部位也會像這樣出毛病，漸漸衰頹而死。他變得非常悲觀，後來連外出走動都嫌麻煩，一直過著繭居般的生活。

站在一身是病的人的立場來看，「聽力稍微衰退」可能連生病都不算吧！不過，對那位一輩子從沒生過大病的男性而言，即使是這樣的小事也會造成莫大的壓力。

就算有病在身也別悲觀，不妨想成「生小病保安康」

無論是多麼健康的人，隨著年齡增長，體力和免疫力都免不了會衰退，也因此容易生病。就連年輕時只會出現輕微症狀的病，也會因為上了年紀而加重病症，這就是為什麼普通的感冒都會讓老人家臥床數天。前面提到的男性之所以聽力突然衰退，或許就是因為年輕時抵抗力夠好等因素才沒有發病吧。

雖說日本人的平均壽命變長了，但完全沒有病痛的人應該很少。不過，即使有病在身，也不必過於悲觀。

知名的《麵包超人》作者柳瀨嵩先生，年過九十依然精神飽滿——正確地說，是看起來精神飽滿。因為除了癌症，他其實還患有糖尿病、心臟病、胰臟炎等，大大小小的疾病纏身，真要算起來，十隻手指頭都不夠用，因此生前他甚至自稱是「十病人」。

而柳瀨先生的作品開始暢銷，是在他即將邁入七十歲的時候，在那之前他一直沒沒無聞。此外，他的妻子在二十年前左右離開了人世，加上膝下無子，長久以來他都是孤單一人。

即便如此，柳瀨先生直到逝世前似乎都過得很快樂。說不定正是因為長年來懷才不遇、病魔纏身與孤獨終老等不幸降臨在他身上，所以生活中的喜悅才會格外甜美動人吧。而他最終也得以享受人生，幸運地成為家喻戶曉的名作家。

當然，我的意思並不是要各位「對生病一事心懷感謝」，但至少平時抱有自覺，知道自己「已經到了何時生病都不奇怪的年紀」，就不會為了病痛、受傷、孤獨死等恐懼而飽受折磨。最重要的是，就算真的生病也不要過於沮喪。

內心快要承受不住的時候，請想想「生小病保安康」這句話，意思是「人總要生點小病才會開始留心自己的身體狀況，所以反而會比無病無痛的人還要健康長壽」。

若對獨居感到不安，就向外界求助吧

只要過著獨居生活，就很可能在沒有任何人照護的情況下死去——遺憾的是，這並不是恐嚇，事實上，日本所謂「孤獨死」的人數的確有增加的趨勢。由於厚生勞働省和警察廳並未取得孤獨死的統計數據，所以正確的數字未曾公開，不過根據《每日新聞》報社自行調查，二〇〇九年度在全日本的公營住宅區，據說每天大約有四名銀髮族陷入孤獨死，其中六十五歲以上的銀髮族更占七成之多。

「孤獨死」這三個字簡直就像是孤單老人的末路，但這是因為獨居的銀髮族增加的緣故。無論在都市或鄉村，喪偶後獨自生活的情況並不少見，從這個層面來看，孤獨死的案例日後恐怕只會愈來愈多。

其實這並不是什麼特殊的事件，而是可能發生在每個人身上的風險。只要是人，都是獨自來到世上、獨自死去，因此我認為，沒有必要對「一個人面對死亡」這件事感到過度悲愴。

話雖如此，在痛苦不堪、需要幫助的時候卻沒有任何人察覺，的確很難受。

還有，斷了氣被其他人發現後，要用什麼樣的方式將這件事轉達給誰知道、如何處理遺體、遺物和住家等該如何整理、費用要由誰來負擔……這些事項都要避免麻煩到別人。

尤其在租屋處往生一段時間後才被人發現的話，不僅會讓房東很難找到下一任房客，也會帶給周遭相當大的困擾。

獨居的理由人人不盡相同，有的人是因為伴侶過世，有的人是原本就沒有結婚，無論原因為何，「即使一個人生活，也要安心活到最後一刻」是人們必然的願望。性格獨立的人甚至會希望「在不給任何人添麻煩的情況下獨自活下去」。

最近日本出現了一種「關懷服務」，專門支援抱持著上述願望的獨居銀髮族。根據繳交的金額而定，可以受理住院或入住福利設施、搬入租屋處時需要的身分保證，當利用者死亡時，也有二十四小時對應的機制，另外還能開立死亡證明書、聯繫親屬等相關人士。除此之外，透過打電話的方式確認人身安全、祭拜祖先和管理墓地等銀髮族所期望的協助，關懷服務幾乎都可以辦到。

要是不做任何準備，卻整天擔心「要是生重病怎麼辦」、「哪天突然死掉怎麼辦」，壓力只會愈來愈大。即便不特別擔心，但身處這個充滿壓力的時代，也應該趁身體還硬朗的時候，評估利用這類關懷服務的可能性，如此一來，心情肯定會輕鬆許多。

不妨上網搜尋相關的服務，比較各種內容，選擇適合自己的方案吧。

用不花錢的養生法省下一大筆開銷

去年剛退休的R先生（六十一歲）過去總是忙於工作，沒有多少時間看電視，但自從退休後，他不但經常看電視，有時候甚至整天都坐在電視機前面。無線電視、衛星電視等，各類頻道數也數不清，所以他從來不會看膩，而且這方面的開銷頂多就是電費、頻道授權費和收視費，因此剛開始他覺得看電視是個挺不錯的消遣。

不過這項興趣最近卻變了調。由於電視上不斷播放健康食品的廣告，他竟不知不覺就掏錢買了。出發點雖是為了身體健康，但仔細一算，開銷居然比三餐的飯錢還要貴，令他錯愕不已。他太太也生氣地說：「家計都快變成赤字了，你還在給我亂買！」

電視上確實充斥著維他命和健康食品的廣告，好多商品連我這個做醫生的也是頭一次看到，宣稱的效果之神奇讓我都看傻眼了，對健康感到擔憂的銀髮族當然更會想要試試看。

不過，正如R先生的親身經歷那樣，購買健康食品其實出乎意料地傷荷包。便宜的一天少說也要一百圓左右，如果不顧後果大肆購買、大量服用，就會變成一筆龐大的支出。

在此，我想推薦的是不花錢的養生法，比如「溫開水養生法」。

溫開水是沒有任何添加物的開水，在印度的傳統醫學「阿育吠陀」中，自古就是人們眼中有益健康的最佳飲品。這種觀念直到最近才廣為流傳，溫開水搖身一變成為對美容和減重有所助益的健康飲品而備受關注。

一般而言，溫開水的效用如下：

- 排出多餘的水分。
- 使血液循環變好，提升代謝。
- 具減重效果。
- 排出毒素與老廢物質。
- 改善膚質。
- 改善便祕。
- 消除水腫。

溫開水的正確煮法是用茶壺裝水後，蓋上蓋子開大火煮，煮沸後打開蓋子，將火力調小，繼續沸騰約十到十五分鐘。每天早晨喝一杯溫開水，可以溫熱腸胃、加速推動老廢物質，同時提升全身的代謝。

之後一天還要喝五到六杯，用以取代茶和咖啡。順帶一提，用啜飲的方式慢慢喝，才是提升效果的訣竅。世界上沒有比溫開水更經濟實惠的健康飲品了，請各位一定要試試看。

掌握腹式呼吸就能維持健康

雖然有愈來愈多銀髮族會努力上健身房維持健康，但對許多人而言，健身房的會費也是一筆不小的負擔。在此，我要推薦各位自己平常就能做的腹式呼吸養生法。

人的年紀大了，體力必然會衰退，但體力的衰退其實與肺活量減少息息相關。銀髮族的肺部機能原本就會因年齡增長而降低，隨著攝入體內的氧氣量日漸減少，身體會陷入慢性缺氧的狀態。

約占全身氧氣消耗量百分之二十的大腦，最容易受到氧氣不足的影響。然而大腦禁不起缺氧，這種狀態一旦持續下去，腦部機能就會降低，容易引發失智症。

能夠改善這種狀態的，正是可以達到深度呼吸的腹式呼吸，此外腹式呼吸還具有保持自律神經平衡的效果。

自律神經是不受我們的意志控制而自主運作的神經，共分成兩種，一種是使身體活動的交感神經，一種是使身體放鬆的副交感神經。這兩種神經一旦失去平衡，便會造成各種身心失常，例如失眠、焦慮、心律不整等，因此保持自律神經的平衡是相當重要的。

由於自律神經無關意志而自主運作，因此一般無法加以控制，但是像呼吸這種原本即受自律神經控制的動作，卻也能藉著自身的意志來調整平衡。

腹式呼吸不僅能鍛練腹肌、達到收縮腹部的效果，還能藉著移動橫隔膜來按摩腸胃，甚至可以把氧氣輸送到體內各個角落，藉此強化免疫力。換句話說，銀髮族憂心的許多身心問題，其實都可以利用腹式呼吸來解決。

例如對將來感到不安，或是發生令人大受打擊的事時，請有意識地進行腹式呼吸。只要這麼做，身心都會煥然一新，不安與衝擊也會得到緩解。

年輕時熱衷運動或是學過聲樂的人，應該都懂得腹式呼吸的方法，但要沒有經驗的人嘗試腹式呼吸則比較困難。

因此，以下我介紹的是掌握腹式呼吸的幾項訣竅。

- 坐在地上，將背部挺直。不需要緊張，盡量用輕鬆的姿勢坐著，可以盤腿或是仰躺在地、立起雙膝。
- 從鼻子輕輕吸入空氣。此時要想著位在肚臍略下方的「丹田」，使腹部自然膨起。
- 吐氣時，感覺像是從丹田吐盡空氣，讓腹部凹陷，並且盡可能緩緩吐氣。訣竅是用比吸氣時多兩倍的時間來吐氣。這時要想像把身體裡不好的東西統統吐出來。

- 吐完氣後再次吸氣。吸氣時不必過於刻意，吐氣時則要集中意識，這樣就能精準掌握腹式呼吸法了。

奢侈是健康的大敵，但粗食也會縮短壽命

即便現在這個世界多災多難、難以生存，人們仍舊會想要朝氣蓬勃地活得長長久久。然而許多人雖然這麼想，實際上卻總是在做對健康有害的事。

「人命雖是上天所賜，勤於養生則長，怠於養生則短。然則命長命短，皆依我心。生來身強而長命者，不施養生之術則早逝；看似虛弱而短命者，勤於保養則長壽。」

這段話摘錄自江戶時代的儒學家貝原益軒所寫的《養生訓》。他的人生觀是「人生只有一回，應該好好享受」，而在八十歲時寫下了《樂訓》這本書，書中記載了享受飲食、衣著、住居、閱讀、旅行與飲酒的方法。

然而三年後，他又寫下了《養生訓》，提醒人們「健康的重要性」。雖然看似前後矛盾，但相傳貝原益軒是在完成《樂訓》之後，才醒悟到「不勤於養生、維持健康，就無法徹底享受人生」。

的確，如果身心健全，即使只是感受著季節的遞嬗，內心也會覺得平靜安詳，能夠開心度過每一天。相反地，一旦健康狀況不佳，那麼無論去多遠的地方旅行、眼前擺著多豪華的飯菜，都無法發自內心品味。貝原益軒想表達的正是「想要內心充實地享受後半生，維持健康是不可或缺的」吧。

這句話在現代也完全適用。正如他所言，自己的健康在某種程度上要由自己負起責任。

也就是說，為了維持健康，確實管理好自己的生活是非常重要的。雖然是老生常談，不過「高血壓」、「心臟病」、「糖尿病」是銀髮族最常見的生活習慣病。所謂的生活習慣病，顧名思義，就是由飲食、抽菸、喝酒、運動等生活習慣所引起的疾病總稱，所以只要改善日常生活的壞習慣，就能降低發病的風險。

在日常生活中，特別需要改善的是飲食習慣。

「退休前因為工作的關係，我幾乎每天都要應酬，一個晚上得喝好幾攤，吃的東西也大多是油膩的食物和碳水化合物，但不知道為什麼，體重卻不太會增加。之後健康檢查的數值一次比一次差，醫生要我改善飲食習慣，但因為體重沒增加，所以我根本沒有放在心上，誰知道才一退休體重就變重了——退休第一年，我的體重暴增二十公斤，幾乎快要突破一百大關了。一定是因為以前上班太忙，把熱量都消耗掉了吧！醫生也很直接地告訴我再這樣下去會有生命危險，所以我只好開始減肥，但減肥真的很辛苦呢！」（T先生，六十三歲）

像T先生一樣食慾旺盛又不挑食的人，雖然表面上看起來很健康，但要是長年持續相同的飲食習慣，體重當然會增加，罹患糖尿病、高脂血症和痛風的機率也會愈來愈高。

隨著年齡增長，人的基礎代謝量（維持呼吸和體溫等生命徵象所需要的最低熱量）會逐漸減少。以男性為例，六至七歲的基礎代謝量為體重一公斤約需四十四．三大卡，過了五十歲，則只需要二十一．五大卡，所需熱量不到前者的一半。

也就是說，即使吃進同樣的食物和同樣的分量，我們也會比年輕時更容易發胖。T先生之所以體重暴增並為減重所苦，除了運動量不足以外，另一個原因正是基礎代謝量減少。

湊齊五色食材，營養豐富均衡

所謂「醫食同源」，飲食和身心健康其實有著密不可分的關係。舉例來說，已有研究指出若鈣質攝取不足，不只骨質疏鬆症會惡化，還會變得神經質，容易為了微不足道的小事情緒激動、具攻擊性。而近來「暴怒銀髮族」逐漸衍生為社會問題，也令人重新體認到攝取鈣質的重要性。

想要健康活到老，就必須在決定每餐的飲食搭配時，考量營養是否均衡。為了維持營養均衡，建議各位一天要攝取三十種食材，但所謂「知易行難」，如果真的得每天湊齊那麼多食材烹煮，不但花錢又花心力，要縝密計算使用幾公克的油會產生幾大卡熱量、蛋白質需要幾公克、糖分需要公克等，也是非常傷腦筋的。

事實上，不管哪一種養生法都會強調簡單好上手，一般人才能持之以恆。因此不妨略過精密的數字和熱量，試著藉由食材的顏色來搭配餐點。

這種方法稱為「五色均衡養生法」，是以東洋的「陰陽五行」為基礎思想。簡單地說，就是在同一餐裡攝取五種不同顏色的食材，藉此獲得健康的飲食法。比起艱澀的原理與數值，這種一目瞭然的方法簡單得多，而且也容易實行。

以下介紹的是各種顏色所代表的食材與效用。

- 紅色食材：在五行中的分類為「火」，有補血、提高心臟機能的效用，如肉類、魚類、紅蘿蔔、番茄等。
- 黃色食材：在五行中的分類為「土」，有提高脾臟機能、活化新陳代謝的效用，如銀杏、南瓜、豆腐、味噌、油豆皮、柚子等。
- 綠色食材：在五行中的分類為「木」，有促進肝臟血液循環、幫助新陳代謝的效用，如青蔥、紫蘇、茼蒿、菠菜、青椒等。

●白色食材：在五行中的分類為「金」，不僅可以強化肺部機能，還有改善腸胃功能的效果。除了米飯、麵包、義大利麵等主食以外，還有牛奶、優格、蘿蔔、蕪菁等。而像茄子這種外皮是黑色、果實是白色的蔬菜，也被歸類在白色食材中。

●黑色食材：在五行中的分類為「水」，可提高腎臟機能、強化排泄作用，如菇類、昆布、海帶芽、蒟蒻等，食材特徵是人多低熱量又富含膳食纖維和礦物質。

外食時，養成依五色食材選擇餐點的習慣，就能維持營養均衡。例如要是點了牛排，附餐就可以選擇醃漬菇類或炒菠菜，搭配澱粉類食物一起吃，飯後再點一個南瓜布丁，這樣就恰到好處了。

「病由心生」並非空穴來風

「我做了市公所實施的健康檢查，被診斷出血壓偏高，所以就去買了血壓計開始在家測量，可是每天量到的血壓都在正常範圍內。我覺得很奇怪，所以跑去問醫生，結果醫生說我可能是得了『白衣型高血壓』。雖然我的個性真的比較容易緊張，可是萬萬沒想到性格竟然會影響到血壓。」

這類案例時有所聞。所謂「白衣型高血壓」是指穿著白袍的醫師或護士為自己測量血壓時，因為感受到精神上的壓力，而使血壓升高的病症。無論是誰，在醫院接受檢查難免都會有點緊張、感到些許壓力，不過白衣型高血壓病患當中，有些人的血壓甚至會因此比平常高出四十毫米汞柱。血壓上升這麼多，可以說是「病由心生」這句話最貼切的證明。

一般認為，人們比想像中還要容易對自己下暗示。比方說，邊喊「好燙！」一邊朝手臂澆水，大部分的人都會因此覺得燙，而不自覺縮回手臂（這項實驗對心臟不好，請千萬不要嘗試）。另外，想親近難相處的對象時，只要不斷在心裡想著對方其實是好人，就會慢慢發現對方不再那麼難以親近了，這也是經過研究證實的。

換句話說，如果光是想些負面的事，比如「要是生病的話怎麼辦？」、「要是臥病不起就慘了」、「活超過○○年生活費就要見底了」等等，身體真的有可能因此被拖垮。

那麼，想避免「病由心生」應該怎麼做才好呢？答案很簡單，就是樂觀思考，像是「我沒事的，我永遠都充滿活力」、「彩券一定會中，天上會掉下一大筆錢」。

當然，光想是不夠的。心理學家阿德勒曾經說過，所謂的樂觀是「相信未來發生的事情必定能解決並起身行動」。相對於此，抱著「橋到船頭自然直」的想法而不去做任何事，則叫做「樂天」，這其實是在逃避現實，最後當然不會得到預期的結果。也就是說，採取行動比什麼都重要。

假如相信自己「永遠都會充滿活力」，那就改善飲食生活、持續適度運動；假如相信自己「一定會中大獎」，那麼即使只有一張也好，不妨定期購買彩券。

總之，過度擔心受怕而導致情緒崩潰也無濟於事，應該要把不安化為行動力，設法讓事態好轉。

請別忘了試著「轉換想法」。這幾個字聽來困難，但其實就是指「事情的好壞取決於你如何看待」。

比方最近老是忘東忘西時，如果悶悶不樂、感嘆自己老了，壓力就會造成大腦功能日漸衰退，健忘的情形可能變得更嚴重。請排除這種消極的想法，「忘了就忘了，重新記住就好」、「忘記這些事是為了把其他事情記得更牢」，而要像這樣換一個積極的角度思考。

我們的電腦桌面上都有一個「資源回收筒」，只要把不需要的檔案丟進去，電腦的容量就會增加。健忘也是同樣的道理，忘記一件事後，腦子裡多出了空間，不就又可以記住新事物了嗎？只要用肯定的角度看待所有事情，就不會一直感到不安與心煩了。

憂鬱症是「心靈的感冒」

說到「病由心生」，就不能不談談「憂鬱症」。上了年紀以後得到憂鬱症的人，大多是「過去工作最有幹勁」、「努力奮發」、「好強不服輸」這類性格難以和憂鬱症聯想在一起的人。

這種類型的人一旦受傷或生病住院，便容易對自己施加強烈的壓力，一再自我告誡「我不是這麼軟弱的人」、「我一定要趕快重新振作」等，這種壓力會化做緊張的情緒，令人變得消沉，進而罹患憂鬱症。

棘手的是，大部分的憂鬱症患者都不太願意承認自己患有憂鬱症，加上日本人普遍認為憂鬱症「只是心裡不暢快」、「不過是瞎操心而已」，所以延誤就醫的情況並不少見。然而，把憂鬱症放著不管，不僅會使病情惡化，也會愈來愈難以回復，因此一定要留意。

現在請試著檢查看看自己是否符合下面五個項目中提到的情況。

- 最近就算看電視也完全不覺得節目好看。
- 看書無法集中精神，馬上就想闔上書本。
- 無論吃什麼都不覺得好吃，只是把食物放進嘴裡罷了。
- 腦子裡一直在想某些事而難以入眠，即使睡著也會馬上醒來。
- 容易覺得累，提不起勁做任何事。

這麼說也許令人驚訝，不過如果你符合這五個項目中的兩項以上，就表示可能已經陷入輕微的憂鬱狀態，請盡早求助專業醫師。

美國人將憂鬱症稱為「心靈的感冒」。意思是，就像每個人都得過感冒一樣，憂鬱症也是一種任何人都可能得到的心病。據說在美國，每五個人當中就有一個人得過憂鬱症。

既然得過憂鬱症的人比例這麼高，那麼憂鬱症顯然是一種治得好的病。日本人對心病沒有免疫力，所以不少人被診斷出憂鬱症後心情會相當低落，但這當中其實有著天大的誤會。

憂鬱症的根本原因來自心靈與身體的疲勞，焦急是大忌，悲觀更不可取，有的人會為了驅散低落的情緒而勉強表現出開朗的樣子，但這麼做只會讓心更累。

請不要認為沮喪的自己很窩囊，忘掉那樣的想法，先讓心靈與身體暫時好好休息一下吧。只要放寬心面對，情況一定會好轉。

和疾病和平共處的方法

前面我曾經介紹過一個案例，是患者在健康檢查時被診斷出血壓偏高，最後卻發現是由於白衣型高血壓所導致。然而，有時候某些病症是找不出原因的，因此會令人心生不安，但我要在此重申「不必為了些微的數值差異而忽喜忽憂」。

也許有人會覺得我身為醫生不應該說這種話，但憑良心說，一個人活了六、七十年，身體到處出毛病是理所當然的事。即便數值上出現些許異常，但只要留心每天的健康管理、接受適當的治療、控制好自己的身體狀況就夠了，其餘的再怎麼擔心也無濟於事。

北里大學榮譽教授立川昭二醫師曾經指出：「所謂的健康風潮，並不是指健康的人增加了，而是在意健康狀況、對健康感到不安的人增加了。正確來說，或許應該稱為『不健康風潮』吧。」我十分贊同他的說法。

容我強調一次，「病由心生」。即使身體產生某種病變，只要身心沒有感到不適，就不需要想得太嚴重或太悲觀，否則只會招來反效果。青山自然醫療研究所診療中心所長川嶋朗醫師的著作《身體就是最好的醫生！34則健康提案，學習活出無悔人生！》中也寫道：「罹患癌症後生存機率最高的是積極抗癌的人……而最糟糕的就是徹底感到絕望的人。」❻人會因為心理上的屈服而被疾病奪走生命。

因此，即使被診斷出患病，也絕不要陷入低潮或放棄人生。所謂「生小病保安康」，身體有病痛要定期上醫院時，不妨就想成「每次去醫院就可以

❻川嶋朗，《身體就是最好的醫生！34則健康提案，學習活出無悔人生！》，原水文化，二〇一四年。

檢查一次健康狀況，很幸運！」

「我今年八十二歲了，七個兄弟姐妹只剩下我還活著，但我其實不是當中最健康的。嚴格來說，我身體虛弱，從小就一身是病，所以爸媽常說我可能活不過二十歲。雖然我出乎意料活了下來、長大成人，但身體仍然很差，出社會後也曾被挖苦『待在醫院的時間比待在公司還長』。不過我對升遷沒興趣，覺得能活著就已經是萬幸，所以並不在意別人說長道短。我甚至覺得，說不定就是因為一直待在醫院，反而讓我更長壽呢。我不會勉強自己的身體，三餐也早就吃慣醫院的伙食，所以少量、清淡的食物對我來說並不會難以下嚥。」（J先生，八十二歲）

像J先生一樣不焦慮也是很重要的。貝原益軒有言道：「愈是急於把病治好，愈會加重病況，故順其自然即可。」當然，由於現代醫學發達，因此也可以把「順其自然」替換成「交給醫護人員判斷」。大部分的疾病只要遵照醫師指示、勤於養生，通常都會好轉。所以生了病的話，不妨試著冷靜下來，好好審視這個「修正生活習慣的好機會」吧！

人生要按照自己的意思謝幕

話說回來，貝原益軒也說過這樣的話：

「養生雖有道，生來短暫的壽命則無藥可延長。」

這番話雖然聽來消極，但事實上，的確有現代醫學無法根治的病。面對得到這類不治之症的患者時，總會讓人體認到身為醫師的無力感，同時又覺得「這恐怕是患者的天命吧」。

那麼，當自己得到不治之症時，應該做出什麼樣的判斷呢？

就結論而言，有一百名患者就會有一百種判斷，而我認為那些判斷全部都是正確的。

近來，當被診斷出罹患難以治療的病症時，愈來愈多人不願接受有副作用疑慮的治療，而是選擇在高ＱＯＬ（Quality of Life，指過人應過的、幸福的生活）的狀態下度過餘生。

以罹患癌症為例，現在有許多癌症不再是不治之症，而是可以與人共存的疾病，但如果已經到了無法治療的癌症末期，所剩的時間將十分有限。遇到這種情況時，有的人會拒絕化療，希望靠著抑制痛苦，盡可能安穩度過剩下的日子。

雖然人生比想像中還要短暫，但在知道何時會離開後，便獨自一人安排好身後事，平靜地前往另一個世界——我覺得這樣的生活方式非常崇高，甚至因此深受感動。

讚揚單身的Ｍ先生就是一個這樣的人。他在五十五歲那年發現癌症，雖然動手術切除了病灶，隔年卻復發，他的主治醫師勸他做化療，但被他拒絕了。Ｍ先生只願意接受緩和醫療，並且回到職場繼續工作，直到五十八歲那年秋天，靜靜離開了這個世界。

M先生之所以拒絕做化療，是因為他認為副作用太過強烈，到時要繼續工作恐怕有困難。

自從知道自己生命的界限後，M先生決定愜意度過接下來的每一天，於是他在人生的最後一年出國旅行了三次，還不時和親朋好友一同大啖美食。

終於，離別的日子來臨了。他省去了葬禮，辦好了捐贈遺體的手續，並處理好所有私人物品，還在遺書中交代要將房子送給好友，將身後事全部安頓好後，便安然離開了人世。

M先生生前，我曾有幸與他交談，當時他這樣對我說：

「就算醫學治療可以救命，但我實在怕痛也怕苦，只希望死前都能開心度過。我覺得正因為自己單身，所以才能輕易做出這樣的決定。假使我有老婆和孩子，無論再怎麼苦，可能都會接受化療，哪怕只能多活一分一秒！

不過我並不後悔，人生可以按照自己的意思謝幕，還有什麼比這個更幸福呢？」

我沒有立場評論M先生的判斷是否正確，畢竟他的生命只屬於他自己。我唯一肯定的，就是他對自己的判斷相當滿意。

一定要重新評估保險的需求

生病是步入老年後的一道巨大陰影，不管是醫療費和住院費都讓人不得不擔憂。

為了預防萬一，許多人會購買保險。根據日本人壽保險文化中心的調查，投保壽險的日本人口比例，男性占百分之八〇・九，女性占百分之八十一・九，投保率最高的年齡層落在四十至五十歲。

儘管投保的確能使人放心，但保費往往是一筆不小的開銷，在退休後更可能會成為家計的沉重負荷。幾乎所有人都深信「年紀大了更需要保險」，因而忍受著這筆龐大的負擔，但那或許只是一種迷信罷了。

「大約十年前，我身邊的朋友和認識的人開始接二連三病倒。有同學因為蜘蛛膜下腔出血緊急住院，後來半身不遂，跟我很熟的朋友則是長年與癌症對抗，但最後還是走了。我很怕下一個會輪到我，所以就買了保險。

我的住院險和癌症險加起來每個月要花將近兩萬圓，因為我當時還在工作，覺得既然能買到安心，花這點錢不算什麼。只是，我投保了十幾年，卻從來沒有用到過。這雖然是好事，但算一算這十年來付的保費，竟然超過兩百萬圓，我自己都嚇了一跳。到了靠年金過活的現在，每個月付兩萬圓變得很吃力，一想到當初把這筆錢存起來的話，至少還能來一趟豪華旅行，就不禁覺得自己實在很傻，後來索性把保險解約了。」（F先生，六十五歲）

俗話說人有旦夕禍福，所以F先生的經驗談或許算不上有說服力，但即使F先生在這十年內罹患了癌症，就醫所需支付的款項，頂多也只有一百萬圓上下。

換句話說，就醫的花費其實比投保還要少。

當然，偶爾也會有住院時指定住個人病房，或視症狀接受不在理賠範圍內的治療等情形，所以我也無法斷言不投保就一定是對的，但是否真的值得犧牲家計來繳保費，就有討論的空間了。

況且人壽保險當中，某些醫療保障特約還會在六十歲或六十五歲時終止。我曾聽說過有人「一直以來都放心依賴醫療險，殊不知自己早已超出了保障期間」，因此，退休後如果還要繼續投保年輕時加入的壽險，最好留意一下相關問題。

說到底，工作時所購買的人壽保險，畢竟是考量到「自己發生萬一時，心愛的家人不至於陷入經濟困境」。

但是退休後，許多家庭的孩子也都已經成家立業，有的人則是已和配偶天人永隔。換句話說，工作時購買的保險並不適用於銀髮族的生活型態，從今以後，各位必須以「為自己好」的角度重新出發，好好評估保險的必要性。

仔細判斷應該解約的保險和絕對需要的保險

商場上有一種經營策略叫做「選擇與集中」。這種經營手法是不將目標範圍擴充到所有領域，而是鎖定在自己看好的特定區域，接著集中投入資金與人才。在保險方面，我們也必須採取這種「選擇與集中」的做法。

具體來說，有些保險就算給付條件很嚴苛也應該要加入，比如出國旅行時的海外醫療險。因為這類保險的保費不會歸還，所以有的人會覺得是花冤枉錢，不過人在異地時身心出狀況在所難免，加上海外醫療的費用之高是國內無法比擬的，若不投保，回國後還可能因此面臨破產。

「退休後出國旅行一直是我的夢想，當時我第一站就去了瑞士，在參觀冰河的途中，因為腳一時使不上力而滑了一跤，造成複雜性骨折，被救護直升機送進醫院緊急開刀。之後我住了一個月的院，出院時看到請款單嚇了一大跳，總金額竟然將近五百萬圓！如果我當初沒在機場買保險的話，後果不堪設想啊……」（H先生，六十二歲）

順帶一提，H先生在機場買保險所支付的保費只有七千三百圓。

常有人說「我的信用卡附帶旅遊平安險，所以不用特地加保」，但有的只有在被保險人身故時才能獲得理賠，並不會賠償治療費。這樣的信用卡其實不少，一定要多加留意。

至於汽車駕駛則必須投保汽車任意險。由於近來日本銀髮族的交通事故愈來愈多，所以保費也調升了，但只要引起死亡事故的可能性不是零，加入任意險就是唯一的選項。假使實在付不起保費，那就不應該再開車。

將愛車轉手也許令人失落，但只在必要的時候租車，省去保養費、燃油費和稅金等開銷，不也是一種「聰明節約術」？

另外，雖然這種情況誰都不樂見，但由於日本的地震和火災頻傳，所以也應該盡早投保火災險和地震險。這兩種保險同樣不會歸還保費，可能會讓人覺得是無謂的支出，但和年輕時不同的是，若在無法重新來過的老年失去家園，在精神上會造成重大的打擊。

近年來，老年人在重大災害後重建的臨時住宅裡孤獨死的案例愈來愈多，據說是因為他們無法適應臨時住宅的新環境，而被巨大的壓力壓垮。不過，失去住了幾十年的家，又被無法重建家園的悔恨折磨到身心俱疲，或許也是原因之一吧。

由於地震險的保費特別高，有些人可能會猶豫該不該投保，但地震、火山爆發和海嘯所引發的火災，火災險並不理賠，所以不妨再次審慎評估投保事宜。

請務必仔細判斷應該解約的保險和應該持續投保的保險，運用智慧度過美滿的老年生活吧！

笑口常開的生活能撫慰身心

二〇一四年，得過奧斯卡金像獎的演員羅賓．威廉斯（Robin Williams）與世長辭，享壽六十三歲。據說他在去世前幾個月為憂鬱症所苦，最後終於自我了結了生命。他曾在電影中飾演醫師，讓我備感親切，聽到他去世的消息時，我打從心底感到惋惜。

由他飾演醫師的那部電影叫做《心靈點滴》，主角是以醫學為志向的青年派奇．亞當斯（Patch Adams），他發現笑與治療疾病息息相關，後來還開設了免費診療所——事實上，這部電影是改編自真人真事。

最初，專家們對亞當斯醫師提出的看法嗤之以鼻，後來總算慢慢接受。時至今日，為了促進患者身心復原，愈來愈多醫療單位引進了「笑容療法」，有些醫院還會定期邀請相聲家或諧星到院表演，或許也是一種笑容治癒力的應用吧。

笑容的諸多健康功效中，最棒的是能快速且大幅提升免疫力。人體內約有五十億個自然殺手細胞，屬於淋巴球的一種，在人類的免疫系統中特別重要，俗稱「NK細胞」。

在相同的環境下，有些人容易罹癌或受到感染，有些人則不會，據說就是因為NK細胞的作用不同。NK細胞較活躍的人，比較不容易罹癌或受到感染。

也就是說，如果能活化NK細胞，就可以常保活力。而要活化細胞，要訣就在笑口常開。只要人一笑，喜悅與興奮就會傳達到腦部、活化NK細胞，它就會為我們攻擊癌細胞和病毒。

相反地，承受強烈的壓力、愁容滿面時，NK細胞的作用就可能會下降。想當然，免疫力也會因此降低，罹癌和感染的可能性就提高了。

據說笑容所帶來的免疫力變化，有時還比治療癌症時投予的免疫療法藥物更有效。這就表示人的情感對健康所造成的影響，遠比大家所想的還要大。

說起來，日本有句俗話說「笑門萬福來」，中國也有句諺語叫「一笑一少，一怒一老」，意思是「多笑一次就會變得更年輕，但生氣一次，心和腦則會相對變老」，這兩句話都是在暗示笑會對身體帶來正面的影響。看樣子，人類自古就明白笑的治癒力和效果了呢。

其實我也曾經建議一位快要被煩惱壓垮的患者「笑一個看看」。

在他退休三年後，過去任職的公司總經理問他，想不想運用過去的經驗幫公司處理現在正在進行的大案子。因為他當時正愁沒事做，於是一口答應了，但那個案子其實有著堆積如山的問題，形同停擺。由於組員相當依賴他，案子又完全找不到出路，導致一籌莫展的他吃也吃不下，回到家又心浮氣躁，還把氣出在太太身上。

看到他陷入那樣的狀態，我於是建議他：「不要老是愁眉苦臉的，笑一個看看吧！」

後來他便開始試著在工作時擠出笑容，神奇的是，原本氣氛低迷的組員之間，居然日漸開朗起來，而且以往看來絕不可能解決的問題，也慢慢顯露出一線曙光，最後這件案子終於順利完成了。

「原來這就是笑容的力量。」

他這麼對我說。

面對不愉快的事和堆積如山的問題時，我們當然免不了會面露愁容。不過，縱使露出那樣的表情，問題也不會憑空消失，不僅如此，憂鬱的表情還會降低腦部機能，讓問題愈來愈嚴重。

而笑口常開能活化腦部，讓腦海裡浮現各式各樣的靈感。

這是經過大腦生理學認證的效果——笑能使腦內分泌一種叫做多巴胺的

物質，多巴胺在提升集中力的同時，還能帶給我們快感。換句話說，它會幫我們把腦部機能維持在良好的狀態，所以身陷困境時更不應該忘了笑容。

笑口常開的效果在實際的作業中也已獲得證實。過去曾有人進行過一項實驗，將多名受測者分成兩組，請他們做相同的簡單作業，但其中一組受測者要保持笑容進行作業，另一組受測者則要皺著眉頭操作。結果，保持笑容的那一組作業的效率明顯高出許多。

愈是氣憤愈要露出笑容

在充滿緊張感的職場上，我們唯一能做的也只有面帶微笑了。不過，笑的時候請盡量張大嘴巴，因為張大嘴巴笑，新鮮空氣就會大量送入肺部，使血液循環變得更好。

前面曾經提過，銀髮族的大腦時常處於缺氧狀態，所以如果能開懷大笑，就可以讓大量的氧氣與養分運送到腦部。

腦部機能一旦變好，身心狀態也會獲得改善。在家看電視或做其他事情時，不妨盡可能開懷大笑吧！

對於日常生活中發生的瑣事，也要盡量用笑容來面對。曾有一位七十多歲的男性告訴我以下的體驗：

「以前我都靠兜風來抒發壓力，但最近開車上路反而變成我的壓力來源。畢竟年紀大了，車子開不了多快，結果開上高速公路的時候常常被後面的車子逼車，還有很多人看到我車上貼著銀髮族駕駛的貼紙就故意超我車。筋疲力盡回到自家社區後，附近又到處都是騎得飛快的腳踏車，害我緊張得不得了。我老是在想，早知道這樣，還不如不要去兜風了。」

聽起來的確備感壓力呢！不過，這樣的經驗其實也可以轉念產生一百八十度的大轉變。例如後方的車子快速逼近時，自己不妨笑笑地開回慢車道，而面對超車的人，則笑瞇瞇地讓他插隊就好了。

那台車一定是在趕時間吧？說不定快要趕不上約會了呢！默默在心裡向對方說聲「開車小心，好好享受約會喔」，自然而然就能露出笑容了。

如何成為不暴怒的銀髮族？

近來經常看到銀髮族情緒失控、引發糾紛的新聞。

在京都，買菸時被要求確認年齡的六十三歲男性勃然大怒地說：「看也知道我成年了吧！」因而動手破壞收銀台，最後被警方逮捕。

另一起事件則是發生在東京，一名六十四歲的男性嫌礙事而出手毆打了嬰兒車裡的一歲嬰兒，後來也是以被捕收場。

類似的案例似乎還有很多，只是沒有鬧進警局罷了。

聽說在某間超市，有個老人咬了一口店裡賣的番茄，旁人好心提醒他那是商品，他卻反駁：「不試吃的話怎麼知道值不值得買！」接著將手上的番茄砸了過去，讓店員和其他顧客都看傻了眼。

聽起來雖然不像是有常識的銀髮族會有的舉動，但據說這類容易暴怒的銀髮族都有個共同特徵，那就是他們在退休前的工作表現大多相當優秀，或是社會地位很高。

一般來說，本身優秀的人對別人的要求往往也會比較高，而退休前社會地位高的人，就算退休了，也仍強烈抱持著「想被社會和他人認可」的心情。當這樣的情緒加強時，就會轉化為不滿，質疑對方「為什麼不回應我的要求」。

憤怒是人類的基本情感之一，因此無法完全抹煞，何況一旦感受到憤怒，交感神經就會受到刺激，使情緒愈發激動。但是，在怒氣一發不可收拾之前，自制力通常就會運作，避免引發糾紛、甚至犯罪。

那麼，為什麼社會上暴怒的銀髮族會變多呢？原因就出在腦部的老化。腦部持續老化後，自制力難以產生作用，激動的情緒便會失控，導致做出無法挽回的事。

奉公守法活了幾十年，卻在人生的結尾留下案底，實在非常不值得。要是還不慎造成傷亡，那就不只是花錢可以消災，根本是人生無望了，所以一定要小心為上。

雖然腦部隨著年齡增長而老化在某種程度上是無法避免的，不過還是有辦法可以克制失控的情緒。以下將介紹這種方法，請務必加以實踐，讓自己安穩度過每一天。

不失控的方法相當簡單，只要試著挖掘自己的記憶即可。

導致腦部老化的原因很多，一般認為其中一個因素是缺乏名為ＤＨＥＡ（去氫皮質酮）的荷爾蒙。ＤＨＥＡ在歐美被當做「回春的荷爾蒙」而備受矚目，它是由腦和腎上腺所分泌，用來修復受損的細胞組織，同時也是性荷爾蒙的原料，所以如果缺乏DHEA，皮膚和肌肉都會老化。

然而近來已經證實，沉浸在快樂的回憶裡，可以促進DHEA大量分泌。

即使是嚴重失智症、對家人的呼喚毫無反應的老人家，聽到以前常聽的童謠或歌曲後，有的也會隨著旋律哼唱，或是侃侃而談當年的回憶。據說這就是DHEA的分泌量急遽增加、活化大腦的證據。

整天對周遭的人說「以前多好多好」、「我年輕的時候如何如何」，或許會讓人覺得厭煩，但如果不想變成易怒的銀髮族，還是要多跟別人說說話。如果沒有訴說的對象，也可以打開以前的相簿瀏覽一下，相信就能憶起快樂的童年時光。

從出生到十歲左右的記憶中所刻劃的「原始風景」，能夠給予腦部強烈刺激，所以請努力找出以前的相簿，打開相簿的瞬間，腦中就會釋放出大量的DHEA。

擅長保存舊東西的人，不妨找出年輕時珍藏的蒐集品和收到的禮物，摸摸那些久違的物品。特別是別人贈予的禮物，除了回憶，應該還留有「氣息」。請試著聞聞看那淡淡的氣味，嗅覺會給予大腦非常強烈的刺激，能因此得到更好的效果。

如果因為戰爭、災害、搬家等原因，遺失了所有充滿回憶的相簿和禮物，不妨到書店購買孩提時代最喜愛的繪本。買回家以後，請發聲念出繪本裡的內容，比起安靜閱讀，這樣更能夠分泌大量的DHEA。

另外，要是覺得「最近很悶很煩」，把內心的不平、不滿、怒氣和牢騷用粗麥克筆寫在紙上，也是一種方法。寫得亂七八糟也無所謂，寫滿整張紙以後，就把那張紙撕碎、丟進垃圾筒。各位或許會懷疑這麼簡單的方法是不是真的有效，不過只要這麼做，煩躁和不滿都會出乎意料地逐漸消散。

若是在商店或捷運上遇到令人心煩的事，也可以試著閉上眼睛深呼吸。

深呼吸之所以能抑制怒氣，是因為送往腦部的氧氣量增加了。人只要一激動呼吸就會變得急促，如此一來，送往腦部的氧氣量就會急遽減少。而銀髮族的腦部原本就已經處於缺氧狀態，要是這樣的狀態持續下去，腦部機能就會降低，當然也就無法隨心所欲地控制感情。

遇到這種情況時，試著反覆深呼吸，增加送往大腦的氧氣量，使腦部機能活化，就能重新掌控自己的情緒了。

凡事不隱忍，大發牢騷才是健康的秘訣

法國箴言作家拉羅什福柯曾說：「我們之所以在交談中罕見理性與討人喜歡之人，是因為世人往往只重視自己想說的話，而非適切應答他人所言。」❼

❼ 弗朗索瓦・德・拉羅什福柯（Francois de La Rochefoucauld），《偽善是邪惡向美德的致敬：人性箴言》（二版），八旗文化，二〇一六年。

這話聽來雖然刺耳，但比起聽別人說話，人類本來就更愛自說自話，尤其喜歡大發牢騷和不滿。若問人類為什麼想說話，是因為我們從過往的經驗中知道，把悶在心裡的不滿和牢騷說出口，心情就會變得舒坦、暢快。這是一種叫做「淨化作用」的心理作用，顯著的效果甚至讓佛洛伊德列為精神療法之一。

然而，在沉浸於美好往昔的銀髮族當中，也有人奉行「不抱怨主義」，下面這位六十二歲的男性正是如此。

他從小就被父親耳提面命「抱怨的男人最可恥」，因此長大後即使在工作或人際關係上遇到瓶頸，也從來不曾對誰說。結果過了五十歲後，有一天他的脖子出現了紅色粒狀物，背部也開始感到疼痛，到醫院檢查，被診斷出得了「帶狀皰疹」。「過度累積壓力的話，免疫力會降低喔！」聽到醫生這樣說，他才恍然大悟，了解到過度累積的不平與不滿早已在無形中變成了壓力。

在那之後，他開始偶爾向太太發牢騷，雖然太太有時候會有些不耐煩，但他說完之後心情舒暢，據說帶狀皰疹也完全痊癒了。

這名男性身邊有妻子陪伴，可以說相當幸運，因為女性比男性更適合當發牢騷的對象。

許多男性會堅持「不向女性抱怨」，不過，由於男女的大腦構造有所差異，所以女性其實比男性更適合傾聽。和男性的大腦比起來，女性的大腦中連結右腦和左腦的神經束「胼胝體」比較粗，還能均衡運動大腦皮質與大腦邊緣系統。

曾經聽別人發牢騷的人應該都知道，傾聽的人或多或少也會因此累積壓力。這個時候，大腦中最能感受壓力的部位，就是大腦皮質。如果是胼胝體較細的男性，聽別人抱怨時，壓力會傾向集中在左右其中一邊的大腦皮質，所以沒辦法忍受太久，最後往往會丟下一句「別再說了！」或「都是你的錯！」然後就逃之夭夭。這樣一來，發牢騷的人不僅無法消除壓力，反而還會累積更多壓力。

在這方面，女性即使感受到別人發牢騷的壓力，也可以把壓力平均分配給左腦和右腦，因此可以忍耐到對方發完牢騷為止。

不僅如此，女性還擅於以感性感受事物，不會說出「都是你的錯」、「這樣不行」之類武斷又負面的意見，而是會說出「總有辦法的」這類正面積極的話。

發牢騷的人並不是想要對方精確判斷問題或不滿的責任歸屬，純粹只是想要有人傾聽心裡的不愉快、獲得安慰而已。因此，當聽到女性口中說出積極鼓勵的話時，內心便會得到滿足，壓力也會因此消散。

和病友相互抱怨吧

說穿了，銀髮族內心的不安，終究還是在於金錢與健康問題。和金錢有關的牢騷有時很難對他人啟齒，不過關於健康或生病的牢騷則要不斷吐露，才能排解壓力，活得長久。

生病時，除了肉體上的疼痛，還得承受精神上的折磨。而肉體上的疼痛可以明確告訴別人：「我這裡很痛，請幫幫我！」精神上的痛苦卻很難解釋清楚，無法輕易得到他人的理解。這種精神壓力會腐蝕心靈，使病情日漸惡化。

這種時候，最可靠的就是病友了。到固定就診的醫院去時，候診室多少會有一兩張熟面孔，如果能和對方變熟，成為相互吐露心情的病友，壓力一定可以減少許多。

要找共通的話題和第一次見面的人聊雖然困難，但如果是經常出現在同一家醫院候診室的對象，就能夠暢所欲言地談論「生病」這個共通話題，不用擔心冷場。

只不過，候診室裡的人不見得都想與別人交談，或許有些人身體正好不舒服，想要安靜獨處，和這樣的人攀談形同拷問他們，因此能免則免。還有，對方要是正在看書，就要明白他或許並不想說話，盡量不要上前打擾。

即使已經和對方熟到能閒話家常，但禮貌上除非對方主動提起，否則也別貿然詢問病名，畢竟很多疾病是人們不願意被別人知道的。

能夠結識因為同樣的疾病而上醫院的人，是一件很幸運的事。正所謂「同病相憐」，受到相同的病魔折磨的病友，可以分擔彼此的情緒，甚至比家人更能感同身受。因為朝著恢復健康的共同目標而努力，所以一般也較能容忍對方的抱怨，不會太過抗拒。

對方如果比自己更早患病，不僅可以請他聽聽自己的牢騷，還可以請教他的經驗談，學習該用何種心態自處，如此一來，對疾病的不安相信就會減少許多。

第3章

貫徹「斷捨離」，心靈充實又富足

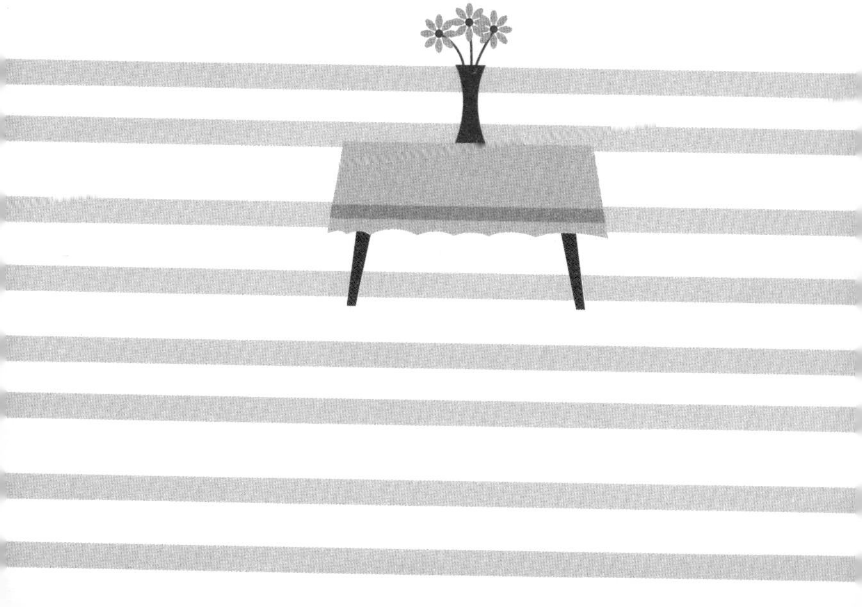

東西愈來愈多，內心卻愈來愈空虛

前一陣子在報章雜誌和電視上，經常可以看到「斷捨離」這三個字。它是由印度教教義根基中的「斷行」、「捨行」、「離行」三種修行發展出來的生活型態。

所謂「斷行」，是斷絕獲得的、不需要的東西；「捨行」是捨棄手邊現有的、不需要的東西；至於「離行」，則是脫離、走出對物品的執著。印度教會透過「斷行」、「捨行」、「離行」的修行，來貫徹不擁有多餘物品的觀念。因為印度教認為欲望是混濁、迷亂、蠱惑人心的根源。

無論哪一種修行都有其難度，不過最困難的，恐怕還是擺脫對物品的執著吧！這可不是普通的意志力就可以戰勝的。日本人對物品的執著尤其強烈，畢竟日本向來推崇「惜物」的觀念。當然，我並不是說這種觀念不好，只是如果太過愛惜物品，最後就會變得無法丟掉任何東西。

舉個極端一點的例子，就是如今衍生為社會問題的「垃圾屋」。垃圾屋是指在屋內囤積一般人視為垃圾的物品，有時候這些東西甚至還會滿到庭院裡來。

「我母親現在一個人住在老家，其實……她好像就是這樣的人。」

某位男性一臉為難地對我說道。

他那位年近八十歲的母親，自己一個人住在相當寬闊的獨棟農家，每當過年或暑假去探望她時，房子裡都會增加許多雜物。已故的丈夫幾十年前用過的舊款文書處理機、故障不能看的傳統電視、已經不蓋的舊棉被、不知道從哪裡搬來的大罈子、連自己也不清楚裡面裝了什麼的木箱……。

把自家變成垃圾屋的人當中，有的人是因為罹患了強迫症（ＯＣＤ）。以這位男性的母親來說，習慣性囤積物品，恐怕是因為隨著年齡增長，惜物的心情愈發強烈的緣故。

看到電視節目拍攝垃圾屋的畫面時，很多觀眾可能會不以為然地皺起眉頭，但真要說起來，難保下一個不會輪到自己。不相信的話，就試著環顧自己家裡吧！收到的東西堆在房間角落，不使用的家電置之不理，衣櫃裡面掛著一時衝動買了卻從沒穿過的衣服，冰箱裡塞滿了不知什麼時候買的冷凍食品……這些描述是不是似曾相識呢？如果你家目前呈現這種狀態，說不定只要一個小小的契機，你就會變成垃圾屋的屋主喔！

心靈變自由，快樂似神仙

雖然前面說得頭頭是道，不過，我也算是在奉行「惜物觀念」的時代長大的。

事實上，我有一段時間老是在搬家。每次搬家，我就會把不需要的物品清理掉，所以照理說，家裡應該只有最低限度的生活必需品，但不知為何，家中林林總總的物品卻不斷增加。那些東西當然不是自己憑空冒出來的，每一件都是我或家人買回來的。

直到搬到現在的房子後，我終於下定決心「以後不要再搬家了」，與此同時，我還做了另一個決定，那就是「不要再增加物品」。往後只買生活必需品，如果買了某樣新東西，就要丟掉一樣舊東西來交換。

正在閱讀本書的各位，應該可以從過去的經驗中，區分真正需要的東西和並非必要的東西。既然如此，不妨試著挑戰身邊只有必需品的生活。

這麼一來，不僅是物質上變得輕鬆無負擔，精神上也會變得暢快而沒有罣礙，這是因為我們從占有欲和物欲中解脫的關係。我並非自吹自擂，事實上，從欲望中解脫後，可以確實感覺到連呼吸都變得舒暢呢。

生活中一旦擁有太多不需要的東西，還要額外擔心保養和失竊的問題。

這個世界已經充滿太多壓力了，所以不妨減少來自物品的壓力，抱著自由、充實的心態過日子吧。如此一來，心靈將能感受到過去從未有過的滿足。

逃離衝動購物的誘惑吧

家裡之所以不斷冒出多餘的、不需要的東西，原因之一就是衝動購物。如果是「烤麵包機壞了得買新的」這種計畫內的採買，還可以算是有出有入、一個抵一個，但衝動購物則是買了計畫外的東西，家裡的物品當然就因此有增無減。

尤其在消費世代中長大的人，更容易屈服於衝動購物的誘惑。

T太太正是其中一個例子。每次逛百貨公司前，她總是心想「今天看看就好」，但是實際到了百貨賣場，她就開始失去理智了。明知道買太多東西會被丈夫罵，但因為有「分期付款」這項方便的措施，所以她也就放心地大肆採購。

所謂分期付款是每個月將一筆固定金額付給信用卡公司的機制。例如買東西雖然花了十萬圓，但每個月支付的金額卻能控制在五千圓，儘管很方便，但可別忘了還得加上利息。

還有，雖然每個月只要付少少的錢，買來的東西卻會愈囤愈多，當然也就會被丈夫發現了。

據說T太太被丈夫念了一頓以後學乖了，後來即使看到想要的東西也不衝動購買，只會買「有緣物」。

那就是無論看到多麼喜歡或多麼想要的東西，當天也絕對不買，等到下次出門逛街時，再去看一眼相同的東西，如果還是很想要，就代表和那樣東西「有緣」，這時才買回家。

第二次去看同樣的東西時，據說常常發現已經被人買走了。剛開始她會滿心懊悔，不過最近已經漸漸看開，明白是自己和那件東西「無緣」了。

雖然這種程度的節制遠遠不及「斷捨離」，但對T太太來說，已經算是做了相當大的努力。

像T太太一樣，買東西時「端看物品和自己之間有緣或無緣」，或許正是一種減少衝動購物的好方法。

一旦衝動購物就自我懲罰

買東西這項行為本身會使情緒亢奮。最近獨居的銀髮族變多了，因為很少有機會跟別人交談，所以有的人表示：「去商店購物時，店員會對自己噓寒問暖，因為太開心了，所以不小心就買了不需要的東西。」

縱使只有短暫的一刻，也想排解內心的空虛，這一點我能夠感同身受。

但如果最後導致房間塞滿沒用的東西，重要的積蓄又一去不復返，那可就傷腦筋了。何況太過頻繁購物還可能陷入購物依賴症，一定要小心。

純粹愛買東西和購物依賴症的差別，在於是否對生活造成影響。如果因為買太多衣服或首飾，而花掉了吃三餐和付房租的錢，就已經算是購物依賴症了。在事態演變成那樣之前，必須在某個地方設下停損點。

我認識的一位女性編輯也很喜歡購物，偶爾會一時衝動而買東買西，不過，她會確實替自己設立一個停損點，如果超出了停損點就得面臨懲罰。

「如果一時衝動買了東西，之後的三天我絕不花錢，也就是強迫自己過『無錢日』。要搭捷運或公車出門時雖然會用Suica（JR東日本等設施通用的電子乘車卡），但禁止外食，也要回絕朋友的邀約。就算再餓也要忍到回家，用現成的食材做飯填飽肚子。因為真的很痛苦，所以每次到了這種地步，我總會心想『下次絕對不要再衝動購物了』。只不過……一看到想要的東西，最後還是會忍不住出手。但要是沒有懲罰的話，真不知道會變成什麼樣子呢。」

像這樣制定一些屬於自己的規則其實是不錯的方法，只是要對自己做出如此嚴苛的懲罰，恐怕很困難。

我建議這樣的人養成不使用信用卡的習慣，想買計畫以外的東西時，一定要用現金支付。

當然，因為平常身上不會沒事帶一大筆錢，所以要買東西就必須去提款機提領。這段期間，購物的欲望會稍稍減緩，要是接著看到存款餘額，更會體認到現實的殘酷。雖然這樣可能還是無法壓抑購物欲而消費，但只要十次當中有幾次成功，我想就算是很有效了。

我們愈是想買不需要或不在清單內的東西，愈會使用信用卡。信用卡可以說是商人製造出來的「促進購物衝動的工具」。但只要走到提款機前面，掉進陷阱的次數就會減少一些。

聽說最近的年輕人被稱為「厭消費世代」，也就是「什麼都不想要」。

雖說為了經濟發展，欲望稍微多一點也不算壞事，但已經完全習慣消費的老一輩還是得多少向他們看齊。如今已經不再適用「老來從子」這句話，而是「老了要從孫」吧。

正確和錯誤的省錢術

換個角度思考，自稱「無法克制購物衝動」的人或許都很富有——因為他們的錢多到足以衝動購物。

人上了年紀以後最關心的，說到底還是錢的問題。可以領到多少退休金、要存多少錢才放心、光靠年金夠不夠過活等，實在令人愈想愈緊張。

就算老後繼續工作，也無法指望能達到過去那樣的收入。

因此，有很多銀髮族認為「一毛錢都不能浪費」，因而展開了省吃儉用的節約生活。

節約是好事，也有助於「斷捨離」，但是，我希望各位「別連心都變窮」。

就算年輕時曾經把三餐併做兩餐，或是為了節省電費而裹著棉被取暖，如果老了以後還想做同樣的事，未免太悲慘了，何況還可能對身心造成不良影響。因此，我們必須明確區分該省和不該省的地方。

「我趁特價的時候買了一大堆泡麵和冷凍食品，每天吃一點點，畢竟飯是每天都要吃的，所以省了很多錢呢。」

我聽過有人自豪地這樣說，但這根本是錯誤的節約方法。因為每天都吃一樣的食物營養會失衡，尤其泡麵含有大量的碳水化合物和鹽分，可能造成血壓上升和肥胖。我甚至還聽過朋友的兒子住外面時天天吃泡麵，雖然他實際年齡才十九歲，但健康檢查後發現身體年齡居然高達「八十歲」。

不僅如此，天天吃一樣的東西會累積壓力，營養失衡加上壓力摧殘，危害健康的可能性相當大。

就算這樣可以省下很多錢，但如果因此罹患高血壓引發腦出血一病不起，當初那樣節衣縮食就沒有意義了，所以千萬別這麼做。

另外，家庭主婦常有以下這樣的習慣：

「我家附近有三間超市，我都挑三間裡面賣得最便宜的那間買東西。可是超市的促銷居然每天都不一樣，所以我都是三家全部逛遍了才下手。有時候價差雖然只有幾塊錢，可是我覺得很滿足，因為我買到的東西是最便宜的。」

既可以省錢又可以感到滿足，聽起來很不錯。不過，為了找才便宜幾塊錢的商品而繞遍好幾家超市，說不定只是浪費時間而已，這一點只要換算成時薪就一目瞭然了。

或許有人會說「反正我沒工作，花多少時間都沒關係」，但一點一滴流逝不復返的時間，難道不該運用在更有意義的事情上？我並不是說這樣的做法是錯的，但總認為這不太算是有效的省錢術。

此外，有不少獨居男性會為了節省瓦斯費和水費而減少泡澡的次數。「反正又沒有要跟別人見面，燒洗澡水、打掃浴缸又麻煩，所以我幾乎都用沖澡來打發。」

話是這麼說，但因為沒有與他人見面的打算就減少泡澡次數，代表公眾自我意識低落。也許有人會覺得洗澡不是那麼重要的事，不過同樣的狀態持續下去，也可能會得到失智症，這一點請務必特別留意。

泡在浴缸裡全身會變暖和，精神上也能放鬆，還可以釋放負面情緒和節約生活所累積的壓力。如果只是隨隨便便沖澡了事，反倒是一種錯誤的省錢術。

利用畫龍點睛的小奢侈紓解節約壓力

像前述那樣壓抑生活整體的品質，並不算是節約，純粹只是在過苦日子而已。想要聰明省錢，就必須再次認清自己真正的目標。節約是為了獲得安定的退休生活，一味忍受不自由，並無法得到安定的生活。

在節約方面，不妨同樣試著採用「選擇與集中」的思考模式吧！說得簡單一點，就是「刻意過儉奢有致的生活」。

具體來說，這種生活就是不花太多錢在每天的餐費和治裝費上，藉此達到「節約」效果，但對於個人的嗜好或想做的事，則「集中」使用某一筆錢。

雖說不必花太多錢在餐費上，但也不可以一直吃同樣的東西，即使只有一湯一菜，也要每餐吃不一樣的食物。

要是不方便做菜，還有一個方法，就是訂專為銀髮族設計的便當，最近這類便當的熱量都算得很仔細，每餐都吃也不用擔心。雖然訂一個便當至少要花五百圓，但比起因為營養不良或攝取過多鹽分而弄壞身體，這樣才是把錢花在對的地方。

而辛苦省下的錢，不妨用在自己最喜歡的事情或嗜好上，這就是所謂「儉奢有致」的生活。

比方說，一個月和朋友相約吃一頓美味的晚餐、一年享受一次豪華的旅行。

小奢侈這個詞雖然給人不太好的印象，但如果把花錢的重心放在「某一樣東西」，那麼即使辛苦省下其他的開銷，心靈也能得到滿足。

當實際感受到成就感與幸福時，活化大腦的物質就會大量分泌。也就是說，這種「儉奢有致」的省錢術，對於保持活力和長壽也很有效果。

如何處理充滿回憶的相簿？

近年來由於數位相機和數位攝影機盛行，拍攝的相片和影片可以儲存在郵票大小的記憶卡中，因此使用相簿的人大幅減少，幾乎所有人都是「一時興起就會打開電腦瀏覽照片或影片」。

在相簿時代出生成長的我，不免覺得這樣的情況有些淒涼，與我同年代的人恐怕也有同樣的感受吧。

要是扔掉充滿回憶的照片，總覺得好像連回憶本身都一起丟棄了。不過，我也明白實際上並不是那麼一回事，因為重要的回憶還牢牢刻劃在自己心中。

既然如此，我建議別把大量的照片就那樣原封不動收在相簿裡，而是挑出最重要的幾張放進相框裡、擺在看得見的地方。如果只有少數幾張照片，過世時還可以一起放進棺木中。

可能有人會說「要我把相片丟掉，我絕對辦不到」，這是當然的，畢竟瀏覽令人懷念的老相簿，是無可取代的珍貴時光。既然如此，不用勉強選出少數幾張也無妨，就像以前一樣好好保留整本相簿吧。

但這樣一來，有些人會擔心自己往生後相簿該如何處理。其實處理的方法很簡單，不要在意就好了。

有些人會在遺書中詳細指示遺物該如何處理，不過在自己離開人世之後，身後事讓活著的人照他們的意思安排，才是明智之舉。

他們或許會認為相簿是一種「精彩的紀念」而傳承下去，也或許會認為相簿可以用來祭悼往生者而加以火化。所以，煩惱相簿如何處置是一件沒有意義的事，在能瀏覽相簿時盡情感受那份愉悅，至於以後的事就不必想太多了。

利用重要的相片製作剪貼簿

若是無論如何都希望孩子或孫子們傳承家人的相片，那麼不妨製作成一本剪貼簿。

最近有愈來愈多銀髮族開始撰寫「回憶錄」，把至今的人生化為文字重新審視一遍，會發現有家人和朋友相伴的幸福，以及自己存在的價值。

然而，光用文字回顧自己的人生，需要相當的文采，當然不是說不能寫，但能否寫得引人入勝就另當別論了。畢竟內容不吸引人的話，子女和孫子可能也不會感興趣，說不定在他們眼裡還會變得比相簿更累贅。

相較之下，貼上照片、附註幾行感言的剪貼簿，就能讓人輕鬆閱讀了。

首先要製作年表，從自己出生、就學、畢業、就職、結婚、生產、轉職、孩子就職到孩子結婚等，把人生中的大事按照先後順序排列出來。接著，從相簿裡找出每一件大事裡拍得最棒或最滿意的照片，貼在剪貼簿裡。貼好之後，就在照片旁邊寫上感言吧！一件人生大事大約用掉剪貼簿一個跨頁，這樣的設計可以讓人不厭其煩地往下讀。

做好剪貼簿以後，再仔細思考剩下的照片要怎麼處理。把最重要的、拍得最滿意的照片貼上剪貼簿以後，說不定就會產生「剩下的照片丟掉也無所謂」的心情。

如果有和親密朋友的合照，可以寫上一句「我整理完相簿以後，找到一張很懷念的照片，所以送給你」，然後親手交給對方或是郵寄給對方，說不定能因此和老朋友重拾舊情誼喔。

搬進小房子，減少無謂的擔心

S先生過去一直住在有氣派庭院的豪宅裡，某天我久違地和他見了面，驚訝地發現他已經和妻子兩人搬進了公寓。我心想，就算是公寓想必也是很大間吧？沒想到這麼一問，他竟然回答：「不，我們搬到兩房一廳的小公寓。」

據說是孩子離家後，原本的房子顯得太大的緣故。不但打掃很費力，只有兩個人在空蕩蕩的飯廳用餐，心裡也不踏實。後來他們問兒子要不要繼承那棟房子，卻被兒子拒絕，說是「不想住那種老房子」，因此他們才決定搬到小公寓。當初雖然擔心會住不慣公寓，但沒想到住起來意外地方便又踏實。

如果被問到想住在豪宅還是兩房一廳的公寓，幾乎所有人都會選擇豪宅吧？但是，大房子有大房子難以解決的缺點，不僅房間多、打掃起來很辛苦，就連鎖門窗都要花時間，房子和庭院的管理也得花上一筆不小的錢，總而言之，要住在大房子實在需要三思。

況且，比起寬廣的空間，人們在狹小的空間裡更安心，廁所就是最好的例子。進到廁所時，你是不是會感到放鬆呢？那是因為廁所就是一個四周被牆壁包圍的狹小空間。

有些人一和家人吵架就會躲進廁所，並不只是因為沒有其他地方可以去，更是因為早已在無意識中把那裡當做是能沉澱心情的地方。

拿Ｓ先生的公寓和廁所來比較雖然失禮，但他之所以說出「意外地踏實」這句話，或許正是因為如此吧！

收納空間多，家當就無法減少

不少銀髮族會在心裡盤算著要把房子留給兒女，不過，也可能被兒女以「不想住在老房子」為由拒絕。

既然如此，就不必一直住在適合大家族的大房子裡，何不與家人商量看看，把現在住的房子賣掉，搬到這筆錢買得起的小公寓呢？

如此一來，不僅外出時便於顧好門戶安全，蓄熱效果又好，可以減少電費和瓦斯費的支出。如果是無障礙公寓，就算將來行動不便，長時間待在家裡也無妨。

「要我搬到公寓我做不到，因為家當太多了。」

我想，一定有很多人會這樣說吧。

不過，因為公寓小而放不下所有家當，這種想法的誤會可大了。因為所謂的家當，即使收納空間再多也放不完。

聽起來雖然像是哲學問題，不過人類的習性就是愈有餘裕，愈不懂得節制。

我身邊有好幾個人開的是大台的廂型車，他們總是異口同聲說「行李很多，載都載不完」。但是許多人都是用小轎車或普通轎車就能載完，所以我認為應該不至於載不完，但他們卻連車頂都裝了像是行李箱的東西。

看到這裡各位應該明白了吧？正因為他們開的是大車，所以不懂得節制，變得無法取捨需要和不需要的東西。

我在面對必須減重的患者時，一定會建議他們不要買大尺碼的衣服。

體重增加後，因為覺得衣服很緊、不舒服，於是就改穿大尺碼的衣服，而不舒服的感覺一旦消除，減重的事馬上就會被拋到九霄雲外，最後體重只會持續增加。如果真的想要減重，就應該穿上尺碼稍小的衣服，體驗一下束縛的滋味。

一樣的情形也可以套用在家當上。最近，強調有許多收納空間的公寓和獨棟住宅相當受歡迎，不過買了這樣的房子以後，家裡的東西會日漸增加，最終造成「家當放不下」。

孩子獨立後，家裡只剩下夫妻兩人時，不妨狠下心，搬到連自己都嫌太小的公寓吧！如此一來，自然就能實踐斷捨離了。

賀年卡的價值不在數量，而在心意

「我們家每年都會收到超過五百張賀年卡喔！因為普通的信箱實在裝不下，我還特地換了大信箱。」

某位擔任銀行分行行長的人得意地這麼對我說。由於我在工作上也和各領域的人有所往來，所以同樣會收到許多賀年卡，但五百張以上的驚人數量，著實令我印象深刻。

幾年後，我在任職的醫院走廊恰巧又遇見這位先生。他剛好去探視朋友，在短暫的對話中，我提及賀年卡的往事，因為我一直記得「五百張」這個數字。

沒想到，他一臉落寞地說：

「老實說，自從我三年前退休後，收到的賀年卡愈來愈少，今年甚至連一百張都不到。雖然我自認和大家交情不錯，但他們似乎都只把我當成『〇〇銀行的分行長』呢。」

有的人會用賀年卡數量來判斷自己的風評和給人的印象，尤其年輕的時候，說不定還會把熟人、朋友和客戶的多寡當做一種成就，想要盡可能從更多人手上收到賀年卡。

不過，請重新再看一次收到的賀年卡。很多卡片是不是除了禮貌上的印刷字樣以外，沒有任何手寫的問候呢？若真如此，你和對方的交情或許不算特別好吧。

賀年卡一張要價五十二圓，乍聽之下也許是小錢，但數量一多，也是一筆不小的開銷。如果還要委託廠商印刷文字，支出會更可觀。

委託某家網路商店印刷的價格是一張二十五圓，假設要寄出一百張，卡片五十二圓加上印刷費二十五圓，再乘以一百份，總共要花上七千七百圓。在退休之前，這點錢可能不算什麼，但對於退休後靠年金過活的人而言，卻是一筆大數目，而且真的有人會為了寄賀年卡而減少伙食費。

這不只是錢的問題而已。上了年紀以後，體力和精神都比不上年輕的時候，光是寫個收件人姓名都相當吃力，利用電腦列印的人也要先整理通訊錄等，有一堆前置作業要做。

只要這麼一想，就會明白並不是寄出或收到很多賀年卡就夠了。

不過，我的意思並不是要各位因為這樣就草率處理賀年卡，像是「離開公司以後，給同事和客戶的賀年卡就統統省略」等。是否要繼續寄賀年卡給對方，要依照卡片內容來判斷，若是和對方只有單純的業務交流，明年不妨就別再寄送賀年卡了。

利用賀年卡來整理人際關係

有句成語叫「引以為鑑」，這句成語也可以套用在賀年卡上。

如果寫賀年卡的對象，是個讓你在印好的卡片上想不出該寫什麼的人，那麼往後你和對方的關係可能也比較沒有發展性，只不過是出於習慣而寄卡片給他罷了。既然如此，我認為索性就把對方從賀年卡清單中刪除吧。

這樣一來，要寄出的數量應該會減少許多，可以省下一大筆錢。不過，不因此沾沾自喜以為自己「賺到了」，才是開心過生活的訣竅。

我認為成為銀髮族以後，與人往來的模式應該要轉變為「重質不重量」。希望各位能捨棄退休前追求的「重量不重質」的人際關係，對於真正重要的、想要永久維繫下去的對象，就該試著加深彼此的緣分。而賀年卡的取捨，正好可以成為加深關係的好契機。

收到的賀年卡雖然從兩百張減少為一百張，但剩下來的那些人正是今後還想與你保持聯繫的人，所以我們應該要比過去更鄭重對待他們才是。

具體來說，如果以前都是直接列印地址，今年不妨改成親自手寫，並試著在卡片裡多寫幾句話。要是以前只會寫一句「今年請多關照」，那麼這次不妨寫一段給對方的訊息，例如「我退休了，現在時間很多。好久不見，要不要一起吃頓飯」、「我發現一個內行人才知道的好溫泉，等天氣變暖再一起去吧」等。看到這些訊息的人，今後應該也會想要繼續珍惜和你的交情吧。

除了賀年卡以外，夏天的明信片等季節問候，或是突然想念對方時所寄的信箋，都能加深彼此的羈絆。

退休後別忘了更新通訊錄

退休前和退休後使用通訊錄的方法其實有所不同。退休前之所以翻閱通訊錄，幾乎都是為了和工作上有往來的人取得聯繫；但在退休後，則主要是聯絡朋友、家人等親近的人，或是為了向醫院、銀行、社福單位或相關窗口洽詢與諮商。

然而，通訊錄裡的聯絡人如果太多，就很難馬上找到重要的聯絡資訊，還會讓人變得心浮氣躁。因此退休以後，也必須要進行一番通訊錄的「斷捨離」。

屆時請務必做一本新的通訊錄。我建議過去使用電腦或智慧型手機來管理通訊錄的人，不妨以退休為契機，再度回復到手寫通訊錄。

這是因為書寫這項行為可以促進腦部活化，因此多少有預防失智症的效果。

除此之外，寫字還能增強記憶力。請回想一下以前讀書時為了背英文單字，在筆記本上重複抄寫好幾次的經驗，這就是寫字可以增強記憶的最佳範例。記憶力降低是銀髮族最大的煩惱，所以千萬別錯過可以寫字的機會。

既然要更新通訊錄，考量到視力衰退的問題，應該盡量選擇尺寸較大的通訊錄。退休前，為了方便攜帶，大多數的人可能都會使用口袋型的通訊錄，但是退休以後，活動的範圍變成以自家為中心，因此比起便於攜帶，看得清楚更重要。

另外，請確認通訊錄是否附有大的備註欄，有的話最好在備註裡寫上朋友的生日或家人的資訊。

要是知道對方的生日，就可以送生日卡片給他，也可以親自撥電話表達祝賀，久違地和對方聊聊天。如果連對方的孫子在哪一年出生都一併記上，隔一段時間後再見面，就可以用「您的孫子都上小學了吧」來打開話匣子，這樣一來，對方就會開心地想「原來你連這件事都記得啊」。這類小小的關懷，有助於更進一步加深彼此的關係。

不需要虛榮的通訊錄

新的通訊錄是否要記錄工作上認識的人的聯絡方式，也可以用有沒有寄送賀年卡以及賀年卡的內容來判斷。

另一個判斷的指標，則是想想在與對方有所交流的工作期間，彼此是否交換過私人的手機號碼或郵件地址。即使自認跟對方私交不錯，但假如只有他在公司的聯絡方式，或許就沒有必要把他寫進新的通訊錄裡了。

因為即使跟對方有私交，但公司內部如果有異動，用舊的電話號碼跟地址就會找不到人或很難找到。除非是極為專業的職種，否則日本上班族一般三到五年就會調動一次，也有人會換工作，對方如果想繼續與你保持聯絡，一定會用賀年卡或其他方式告訴你新的地址或近況，等到那個時候再把對方加入通訊錄也不遲。

退休以後，和社會脫節所造成的自我認同喪失，會令許多銀髮族煩惱不已。在這些人當中，有人儘管已經退休好幾年，仍會不時誇耀自己待過一流企業、曾經是某個部門的部長等，而讓周遭的人們感到不快，這正是由於無法忘懷光榮的過去而藉此虛張聲勢。如果你無法從通訊錄中刪除公司的名稱，而且愈是知名的公司愈刪不下手的話，基本上心態和這種人沒什麼兩樣。

請再次好好思考自己無法刪除的原因，或許只是覺得「可惜」吧。

重新做好的通訊錄裡，如果只記錄真正有來往的親朋好友，當自己離開這個世界時也能派上用場，因為家人只要參考這份通訊錄，就會知道該向誰傳達訃聞。

某次我和晚輩H聊到這個話題，他大表贊同地說：

「前輩你說得沒錯，我感同身受。老實說，我祖父過世時就是那樣。我透過他收在抽屜裡的名片簿一一向別人傳達他過世的消息，沒想到有一大票的人都對我說：『不好意思，我不認識他……』我父親還懊惱地認為祖父在人生的最後丟臉丟大了。」

H的祖父確實沒能好好處理過去收到的名片，因此我多少能體會他父親的為難。

到了某個歲數以後，必須意識到將來肯定會來臨的「那一天」，事先做好萬全的準備，不給周遭的人添麻煩，這樣才算是「善始善終」。

借出與借來的東西別放著不管

你手邊有沒有向朋友或熟人借了很久卻遲遲沒有歸還的物品呢？許多人在整理家裡時，似乎經常會意外發現向人借來卻忘了歸還的東西。

我不習慣向別人借東西，所以始終認定這樣的情形絕對不會發生在自己身上。沒想到某一天，我在整理房間的時候，找出了很久以前跟朋友借的書，不禁當場愣住。

我拚命回想，終於想起那是一本主人表明不用歸還的書，所以我才放心地把這件事忘得一乾二淨。

假使借來的是貴重物品，有時候我們會不斷想著「不能沒帶謝禮就拿去還」、「還的時候順便帶個對方喜歡的禮物」，結果時間一天天過去，不知不覺就忘了還。

然而，即便什麼時候還都可以，或是不還也無所謂，但借東西給別人的人其實還是會記得很清楚。就算借東西的人忘了，對方也會心想「他什麼時候要還我」。

年輕時或許可以不當一回事，從容想著「下次見面再還」，但身為銀髮族如果還這麼天真，就太沒有自覺了。隨著年紀增長，身體偶爾也會突然出狀況。

即便自己身子硬朗，對方也可能因為生病、住進療養院或是搬去和兒女同住而聯絡不上，甚至在物歸原主之前，有一方就已經先過世了。

如果演變成這種情況，就再也還不了了。

雖然我沒有資格這麼說，但有借有還是做人的基本道理。

而且我認為向別人歸還借了很久的物品時，還是必須在實質上表示一點心意。

如果對方住在附近，不妨帶個伴手禮登門拜訪，傳達歉意與感激之情：「真抱歉這麼久才還你，你真幫了我一個大忙。」

如果對方住在很遠的地方，就附上致歉與致謝的信函，用宅配等方式寄還給他。

我曾經聽說過借東西的人客氣地歸還借用很久的物品後，趁機與失聯多年的老朋友恢復交情的事。請趁大掃除或搬家的時候，把所有東西檢查一遍，確認看看有沒有向人借來卻忘了歸還的物品吧。

反過來說，借東西給別人後就置之不理的一方也有問題。

人的記憶力會隨著年老而衰退，不只是記新事物的能力減退，就連記得的事情也容易忘掉，還會經常誤解別人的意思。

因此，如果是銀髮族之間的物品借貸，借出的一方也應該及早要求歸還。

當然，禮貌上應該要在被催促前就歸還，但畢竟誰都會「不小心就忘了」。當東西的主人在擔心「催人家還會不會不太好」的時候，說不定借東西的人早就忘記自己跟別人借過東西了。
不直接表明「請把東西還給我」，反而到處宣傳「那個人借東西從來不還」，這種行為是最不可取的。借出希望對方歸還的物品或重要的物品時，主動提醒對方記得歸還，才稱得上是一番好意。

沒有必要出席每一場葬禮

各位是否曾有過這樣的經驗呢？退休前受邀參加同事、朋友、晚輩婚禮的機會很多，多到讓你忍不住痛苦吶喊：「光是包紅包就快把我榨乾了！」不過退休之後，那些事便都成了美好的回憶，因為隨著年紀漸長，不斷增加的只有接到訃聞的機會。
收到訃聞時，如果是私交甚篤的對象，理應要參加葬禮。即便後來關係多少有些疏遠，但既然是最後的告別，總要去見對方最後一面。

「要祝賀喜慶什麼時候都可以，但死亡卻是不等人的。今天死了，明天就辦葬禮。不計較過往種種，只要是和自己有關的人，都要為他們祈求冥福。」

這是日本前首相田中角榮先生說過的話，很像是向來重視禮數的他會說的話呢。

不過要參加葬禮，除了奠儀以外，還得支出交通費。退休前金錢上相對寬裕，所以應該沒有太大的問題，但退休後要是領年金過活，可能就要稍微考慮了。

故人以及還要繼續活下去的自己——如果只能看重其中一方，當然還是選擇自己。換句話說，即便對死者過意不去，但要是自己的生活已經面臨經濟困難，我認為就算不出席葬禮，故人應該也能體諒自己的處境。

「那個人曾經受到那麼多關照，居然連最後一程都不肯來送。」周遭的人會這麼想也是無可奈何的事。靠老本過活或是唯一的收入只剩年金時，很多事情是不得不割捨的，關於這一點最好有所自覺。

就算沒參加守靈或告別式，還是可以暗自為對方祈求冥福。只要懷著感恩的心，合掌遙思故人即可。

話雖如此，也不必誠實告知是因為經濟上的考量而不出席。

「真是對不起，諸多原因，不克前往。」

只要像這樣婉拒就可以了。

不勉強出席遠方的葬禮或法事

「我無論如何都想參加那場葬禮，可是地點太遠，實在去不了。」如果遇到這種情形，不妨在奠儀中附上弔唁的書信，一併郵寄給喪家。

省略「惠鑒」、「敬上」等提稱語和末啟詞，也不需要季節的問候，無法參加的理由亦不必詳細闡明，只要簡短交代「迫於無奈，不克前往」就夠了。

要是非常想出席但手頭很緊，那麼奠儀包少一點就好了。

「我受到○○莫大的照顧，金額太少會不會很失禮？」

「奠儀有奠儀的行情……」

想必有人會這麼想。但各位真的以為故人會在意奠儀的金額多寡嗎？說到底，弔唁的心意原本就不是金錢所能衡量的。

確實也會有人認為「因為過去受到諸多關照，所以得包多一點」，不過，從下面舉的例子可以看出，故人的親屬對於這樣的行為並不感到欣慰。

「那是我祖父過世時發生的事。當時有一位在公司裡受到祖父許多照顧的男性晚輩來弔唁，還包了高達三十萬圓的奠儀。一問之下才知道，祖母根本不認識那個人，擔任喪主的父親更是從沒跟對方打過照面。我們莫名覺得不安，打算退回半數，但祖母認為那樣很沒禮貌，應該用等值的東西退回才對。最後，我們回給對方價值十五萬圓的禮券和一封感謝函。即便如此，收

到的數目也還是太多了，總覺得心裡不踏實。」（Y先生，四十歲）

「內人過世時，好幾個朋友都包了很大一包奠儀給我。雖然很感激，但要是對方遭逢變故的話，到時我也得回包相同的金額才行，真令人頭痛。」（U先生，七十四歲）

到了一定的年紀，就應該要考慮減少參加法事的次數。支出一大筆交通費去參加遠房親戚的法事是很辛苦的事，因此不勉強出席也無妨。

是否減少婚喪喜慶的支出取決於自己

「退休後最痛快的，就是不用再陪客戶打高爾夫了。從今以後不用假日一大清早出門，也不用為了顧慮對方的面子而放水，我要發揮實力盡情揮桿！」

我曾經聽別人這麼說過。如果是剛展開退休生活的男性，離開工作崗位後，受到人情壓力與潛規則等「阻礙」限制的情形就會大幅減少。

無論是球友會主辦的高爾夫，或是旅遊、聚餐，自己想去的時候就去，不想去的時候就算直接拒絕，也沒人有資格說長道短。這樣的做法也適用在親戚或朋友之間。

在美國住了一段時間後，我慢慢被他們不拘泥於形式、不逞能、不過度在意別人的生活態度所吸引，每當我參加日本的婚喪喜慶時，總會深深感嘆為什麼我們不能向他們看齊。日本的婚喪喜慶不僅流於鋪張，用現金展現憑弔與祝福之意的習俗也令我感到彆扭。

不過，這些習俗似乎不是自古以來就有的，而是戰後的經濟高度成長期急速發展起來的習慣。證據就是在描寫戰前庶民生活的電影當中，婚禮和葬禮都是在自家舉行，而宴客的料理也幾乎都是左鄰右舍帶來的家常菜。

然而到了現代，婚喪喜慶統統交由專門業者處理，其中不乏空有大排場，卻感受不到心意的儀式，著實令人遺憾。

「雖然變成領年金過活，但婚喪喜慶的支出可沒減少，真夠難熬。」

儘管常聽人家這麼說，但這類花費是否要減少，其實取決於自己。要是家計負擔太大就減少，如此而已。總之，我覺得近來的日本人花在人際關係上的開銷實在太大了。

除了葬禮以外，也要考慮到「節慶」的支出。

比如長野縣頗負盛名的「御柱祭」，乃是七年一度的大型祭典，許多人似乎把人生的意義都投注在這場祭典上了，他們會說：「我就是為了這場祭典才那麼辛苦工作的。」「舉行御柱祭時，我無論如何都會休長假回老家。」

只要一提到祭典，日本人突然就管不住自己的荷包了。御柱祭時也一樣，不僅每家商店的營業額暴增，據說祭典不可或缺的酒，連酒廠都會賣到缺貨。

如果是退休以前，像這樣盡情揮霍還不打緊，但邁入領年金的生活以後，就得審慎考量。祭典的捐款或禮金雖然免不了，但仍然要老實告訴對方自己是領年金度日的，因此只能捐一點點聊表心意。

年節的開銷也要重新評估

中元節和過年，說來也算是令人頭疼的節日吧。

然而每到冬天，老同事寄來的賀年包裹，總令我期待得不得了。

這位擔任治療師的同事目前回到老家推動地區醫療。那個小鎮的特產是金桔，因此只要金桔的產季來臨，她就會從進行無農藥栽培的農家那裡分來金桔，煮得甜甜的寄給我。

不流於形式或千篇一律，而是餽贈充滿心意的小禮物，如果大家都能像這樣，那麼中元節和過年的風俗也不失為一件好事。

不過，有的人送禮只是因為「過去每年都送，如今總不能說不送就不送」，這樣的情形實在稱不上有心。

況且收到眾多禮品的人家，很多都是收到後就把禮物束之高閣。我聽說過有人在父母往生後整理房間時，遇到這樣的事：

「我打開壁櫥後發現裡面堆滿了盒子，每一個都用知名百貨公司的包裝紙包得漂漂亮亮的。拆開一看，裡頭裝的是罐頭和毛巾之類的東西，雖然不知道是誰送的，卻讓我莫名感傷起來。如果爸媽早點吃掉、用掉就好了，他們一定是捨不得拆開吧！」

各位難道不覺得這樣送禮毫無意義嗎？尤其是退休以後，更應該擺脫這種空有形式的人際關係。

因此，不妨試著利用夏季問候、拜年或冬季問候的機會，告知對方「我現在靠年金生活，從今年開始，請容我不再贈禮」。

說不定對方也同樣是出於習慣而持續送禮，其實經濟上相當吃緊呢。若真是如此，他應該會很感謝你先提起這件事吧？況且真正的朋友即使在中元節和過年沒有送禮，友誼依舊能夠長存。

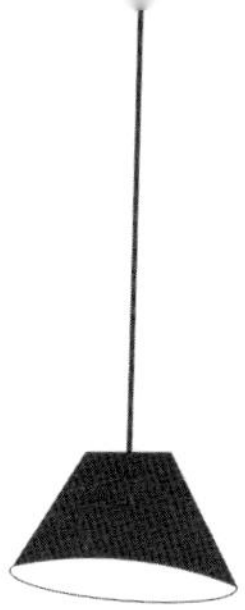

第4章

千萬別忘了
自己的人生只屬於自己

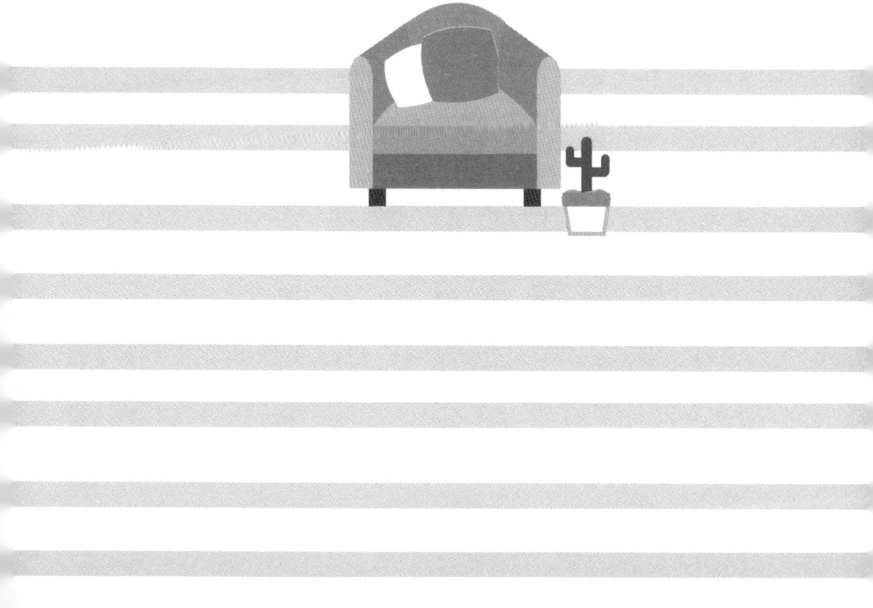

不拿自己與他人比較，就能常保幸福

雖然稱不上是什麼正當的興趣，不過正如日本俗話說的「他人的不幸甜如蜜」，人們似乎比較偏好失敗的經驗談與別人的悲慘故事。或許是因為這樣能夠沉浸在某種優越感當中，認為「自己才是受到眷顧的人」吧。

我們之所以目不轉睛地關注天災、地域紛爭等重大新聞事件，不僅僅是因為「心生憐憫」、「想要盡一己之力」，其實內心深處還會覺得「幸好我不是當事人」而鬆了一口氣。這是每個人或多或少都會產生的想法，所以不必感到羞愧，就連我也會害怕窺探自己心底究竟帶有多少這類情感。

不過，優越感太強會造成很大的問題，因為自卑感也會相對變強。

優越感和自卑感雖然是完全相反的兩種情感，但同時也具有無法分割的關係，可說是一體兩面。因此，偏好聽到別人遭逢不幸的人，只要聽到有人獲得幸福，便會心想「我真不幸」、「為什麼好事輪不到我」而感到沮喪。

某位曾在百貨公司工作的男性就抱有這種想法。他是在六十歲那年退休的銀髮族，一直以來都是單身。

「活到這個歲數，跟別人說自己單身，總會被誤會是鰥夫而招來同情的眼光，但我只是錯失結婚的時機而已。現在的我雖然只是個普通的老頭，但年輕時可是很搶手的。我覺得沒有結婚的必要，而且每當聽到那些結了婚的朋友抱怨『老婆碎碎念又不能出去玩』、『孩子的教育費太高，結果從我的零用錢扣』，就會很慶幸自己沒結婚，相較之下實在太幸運了，讓我不禁對單身這件事充滿感激。」

然而最近他卻開始後悔當初沒結婚。

「我和朋友雖然會透過臉書知道彼此的近況，但對方的臉書上有愈來愈多家族旅行或孫子的照片。看到他們那麼幸福的樣子，實在讓我有點難過。我一定會就這樣變老，最後孤獨死去吧。」

他之所以會像這樣為自卑感所苦，應該是眼界太窄的緣故，如果把眼界放寬一點，就會明白世上還有許多過得很快樂的單身貴族。當然，此時結婚仍不嫌晚。女性的平均壽命比男性長，因此失去另一半的女性相當多，在專為銀髮族舉辦的相親活動中，據說男性大受歡迎呢。所以，完全不必悲觀看待自己目前所處的環境或境遇。

日本有句俗話說「草總是籬笆外的綠」，意思是「別人的總是比較好」。但如果把自己的立場和鄰居對調，就會了解想要保持綠油油的草皮，需要付出相當大的心力。

不該光靠表面來判斷事物

能與所愛的人一起生活，的確是一件很幸福的事，但生活中多少會有想要獨處的時候，或是希望不用顧慮對方，能自己一個人做某些事。因此，我便告訴前述那位男性：

「以我的角度來看，我很羨慕你活得自由自在。所以，用不著拿自己的人生與別人的人生比較。」

只要是人，都會想要擁有自己沒有的東西，這樣的企圖雖然可以令人充滿幹勁，但要是奢求太多，反而只會累積壓力、加重自卑感。無論是壓力還是自卑感，都會帶給身心不良的影響，能少則少。

年紀愈大，愈會慢慢了解「不該光靠表面來判斷事物」，也能從根本領略「和他人比較而打擊自己有多空虛」。雖然極端地認為「別人的死活都與我無關」也不太好，但至少必須看開，體認「別人的人生和自己的人生是截然不同的，八竿子打不著」。

然而，還是有人至今仍然困在「別人的人生」當中。我想，這樣的人的心態一定還很年輕吧。

假使無論如何都會感到情緒低落，不妨試著在紙上寫下自己的優點。絕對不可以因為害臊而只用想的，把優點寫下來是一件很重要的事。

「我常常被人稱讚字寫得好看。」

「我穿衣服的品味很好。」

「我會用 LINE 和年輕人交流。」

「我能輕鬆完成伏地挺身一百次。」

「我喜歡一個人旅行。」

就像這樣，不管什麼都可以，把想得到的優點統統寫出來吧！寫完以後反覆朗誦這些句子，接著，自己的優點、值得驕傲的地方就會逐漸留在腦海中，自卑感則會慢慢消失。

這是具有暗示效果的「走出低潮法」之一，不只能提振自己的精神，還能讓你從客觀的角度看待自己，所以也能發現個性上應該要改進的地方，請各位務必嘗試看看。

別為了給孫子零用錢而省吃儉用

要是獨居或是高齡夫妻兩人共同生活，看到孩子或孫子回老家來玩，總是喜出望外。如果給孫子零用錢或禮物，還會得到一句「我最喜歡爺爺（奶奶）了！」為了聽到這句話，說不定做什麼事都在所不惜吧？

退休前在經濟上比較寬裕，那樣做或許無所謂，但是退休以後，不見得會像在職時那樣有足夠的收入，許多銀髮族不僅年金不夠用，還得蝕老本過活。我認為要是生活拮据，就不需要永遠扮演慷慨的爺爺和奶奶，各位覺得呢？

如果繼續裝闊，孫子會逐漸認為祖父母為自己付出是天經地義的，最後極有可能誤以為「我每次都可以要到零用錢」、「我想要什麼就應該買給我」。

「我的孫子剛升上中學，過年那幾天，他難得和兒子夫妻一起回來看我，我懷著感謝老天爺的心情包了一萬圓紅包給他。靠年金過日子雖然不算富裕，但看他一副開心的樣子，我也就覺得值得了。後來連假時他們回來玩，我又給了他五千圓的零用錢，他當然也很高興。

沒想到孫子前幾天打電話來說今年暑假也想來玩，可是他父母忙得沒空帶他來，所以要我幫忙出車錢，說要一萬圓左右，可是我手頭沒那麼寬裕，所以當下沒辦法答應他。」

雖然孫子並非不懷好意「想從老人家身上撈錢」，但最後卻演變成這樣的情況了。

為了不造成類似的認知差異，遇到這種情形時不要隱瞞，坦白對孫子說：「爺爺（奶奶）是領國家給的年金在生活，其實不是很有錢，所以一年只能給你一次零用錢喔。」

大多數銀髮族似乎都會害怕「這樣說會被孫子討厭」、擔心「孫子再也不來找我玩」，因而遲遲不敢說出真心話。但是長此以往，和孫子之間的關係就不再是祖孫之情，而純粹只是金錢上的往來罷了。

不消說，為了給孫子零用錢而節衣縮食或是向別人借錢，更是萬萬不可。拒絕孫子的撒嬌也許令人難受，不過請務必理解，這麼做才是真正為孫子著想、才是愛孫子的表現。

比起年幼的孫子，自己往往更無法遵守規則

家人之間一但牽扯到錢的問題，往往會引發嚴重的爭執。為了不引起類似的糾紛，應該事先與兒女商量好給孫子禮物或零用錢的時機與金額。

比方說，零用錢只有在過年的時候才給（也就是壓歲錢），禮物只在生日和聖誕節的時候送。不過遇到上幼稚園或上小學等人生大事時，還是可以

徵得兒女同意送個小禮物。

做出這樣的約定後，孫子可能會說出一些不中聽的話，像是「再也不要跟你好了」、「我討厭爺爺（奶奶）！」即便如此，祖孫關係也不會就此斷絕。小孩子的適應力比我們想像中還要高，所以他們會領悟到「這也是沒辦法的事」，而馬上習慣這種狀況。

只不過，如果不做任何解釋就不給零用錢或禮物，即便孫子年紀還小，也會害怕「是不是被爺爺（奶奶）討厭了」、「我是不是做錯了什麼」，所以一定要將原因解釋清楚。

比起孫子，更該注意的其實是自己。明知道是「為了孫子好」，但又不由得認為「孫子很可憐」，所以一直打破給零用錢的約定，還有人會偷偷塞錢給孫子，並且要他保守祕密。可是，破壞規定對孫子而言完全沒有任何好處，所以請各位一定要狠下心嚴守約定。

最近似乎連低年級的小學生也會動輒拿到好幾萬圓的壓歲錢，但大人送給小孩一大筆錢，這種事在其他國家根本是無法想像的。在電視上看到類似的情形時，難免心想「自己家也應該跟進」，但這時其實只要貫徹「別人家是別人家，我們家是我們家」的想法就可以了。

請當一個遵守規定的頑固老人，貫徹「不給小孩子太多錢」的規矩吧。

把錢也買不到的寶物留給家人

「我最近腰腿愈來愈無力，走不了太遠的路，我常常在想，早知道身體會變成這樣，當初多把握機會出去走走就好了。我最後悔的是每次兒子和女兒找我出去的時候，我都不肯坦率答應。就算他們跟我說：『孩子想和奶奶一起去迪士尼樂園，媽妳要不要一起去呢？』或是『女兒要當才藝表演的主角，媽妳來看看她嘛！』我也因為怕給他們添麻煩，所以全都拒絕了，改成寄零用錢給他們。

但每次寄錢過去，就會接到他們打電話來說：『我們不是要錢，只是希望媽能來一趟』、『過年都是我們回去，妳偶爾也來坐坐嘛』，所以我想他們應該是真心希望我去玩。與其把閒錢寄給他們，不如用那筆錢來搭計程車或租車，這樣一來，就能得到有錢也買不到的東西了……」

最近經常耳聞親生父母或祖父母在老了之後被晚輩疏遠，由此可見，這位女士真的擁有很棒的家人呢。

人的年紀愈大，愈會了解比起物質和金錢，和兒孫一起度過的時光更重要，而另一方面，孩子和孫子們也會想要把雙親和祖父母充滿活力的樣子烙印在腦海裡。遺憾的是，時間是無法重來的，若是等到做不到了才來後悔，一切就太遲了。

和這位女士恰巧相反，有一對夫妻利用七十大壽的機會，送給在遠方的兒孫飛往夏威夷的機票，一家老小開心地享受了天倫之樂。

「說是一家老小，其實也只有八個人，就算這樣機票還是很貴，所以我和老婆都笑著說：『我們接下來有很長一段時間要靠納豆飯填飽肚子了。』常有人問我為什麼要這麼做，其實是因為看了一則廣告。那則廣告中提到一句『回憶無價』，讓我很有同感。我和老婆商量與其留給兒孫們遺產，不如留給他們美好的回憶，於是她提議大家一起出國玩。可能有人會說『結果還不是要花錢』，但我們卻擁有用錢絕對買不到的溫馨回憶，所以我覺得自己並沒有做錯。」

我認為這是個很棒的點子。畢竟只有家人可以充實自己漫長的人生。家族旅行不但可以加深和家人的羈絆，還可以創造無可取代的回憶，這樣用錢是很正確的。

「和爺爺奶奶一起去夏威夷旅行」的幸福回憶，想必能長存在孩子與孫子的腦海裡。換句話說，你會永遠活在那段記憶中，世界上還有比這更美好的事嗎？

提供教育基金來取代小孩的零用錢

想花錢來留下比金錢更有意義的東西，有一個方法就是透過「非課稅贈與」。這是日本從二〇一三年開始實施的制度，贈與的上限為每個人一千五百萬圓，也就是說，我們可以利用免課稅的制度來贈與學費等教育基金，目前期限已延長至二〇一九年三月。

近年來，常常會聽到教育城鄉差距這個詞，指的是出生成長的環境不同，所受的教育也會產生差距，換句話說，整個社會逐漸造就「沒錢就無法接受高等教育的環境」。

比方二〇一〇年東京大學曾調查在校生的家庭狀況，發現家庭年所得在九百五十萬圓以上的家庭增加到百分之五十一．八。而根據厚生勞働省的調查，二〇一四年的家庭平均年所得約為五百二十九萬圓，因此薪資若不是遠高於平均值，就無法讓孩子進入東大就讀。

當然，這並不代表「平均年收入高的家庭，孩子的能力就高」。由於想要考進東大必須花上一大筆教育費，所以年所得要是不夠高，就無法負擔相應的花費。從這個層面來說，提供教育基金將會成為孫子最有力的後盾。

雖然錢花掉就沒有了，但教育卻會是一輩子的資產，也會成為面對人生風浪的強力武器。

雖然孫子可能比較喜歡當下就拿到零用錢，不過十年或二十年後，他們一定會由衷感謝祖父母當初送給自己的非課稅贈與。

順帶一提，要符合非課稅贈與的資格，就要先開設教育基金帳戶，再透過金融機構等單位，向受贈人納稅地點的稅務署提出教育基金非課稅申請。

這裡提到的教育基金大致可分為「直接支付給學校等機構的費用」以及「直接支付給學校以外機構的費用」。前者是指〈學校教育法〉中明訂的幼稚園、小學、中學、高中、特殊教育學校、大學、研究所、各級學校、立案幼兒園或托兒所等機構需要的學費、授課費、入學考試測驗費等，此外還有學雜費、校外教學費、餐費等。後者則是指上安親班、補習班或才藝班所需的費用、月票、留學所需的旅費等，以五百萬圓為上限。

所謂的幸福是留下無形的遺產

「最近很多家屬會在處於彌留狀態的患者床邊討論『遺產能拿多少』、『房子能不能抵押』之類的話題，讓我聽了一肚子火。其中還有人為了遺產繼承的問題而大吵大鬧，最後被趕出病房，留下患者在最後一刻孤單死去。」

這段話是某間醫院的資深護士告訴我的。據說「人的五感當中，最後消失的是聽覺」，所以在枕邊針對遺產分配或繼承起爭執，說不定全都會被徘徊在生死邊緣的病患聽見。若真如此，未免太悲哀了。

銀髮族之間似乎從好幾年前就開始流行寫遺書，據說是因為在遺產繼承的糾紛中，鬧上家庭法院的調解件數急遽增加的緣故。一想到自己在生死關頭還得聽見有關遺產繼承的口角，也就不難理解銀髮族為何想先寫好遺書了。

不過，我們真的有必要刻意留下現金或房子給兒女嗎？我之所以這麼問，是因為在這個過程中會衍生龐大的遺產稅。

日本曾在二〇一五年一月大幅修正關於遺產稅的規定，例如基礎扣除額由五千萬圓變更為三千萬圓，法定繼承人的扣除額也由每人一千萬圓變更為六百萬圓，分別向下修正的結果，導致一下子出現了許多遺產稅比過去多出好幾倍的案例。

以下是Y先生的經驗談：

「我父親過世後，老家的土地和房子由獨居的母親持有。幾年前母親的身體開始變差，時常進出醫院，因此她開始考慮繼承的事。我有兩個兄弟，所以認為將來應該會由三個人一起繼承，但又不知道該如何劃分不動產或存款。前幾天我們三兄弟見面時，我提議：『賣掉老家的土地，用來支付遺產稅。』但老實的哥哥生氣地說：『怎麼可以賣掉祖產！』結果我們就大吵了一架。早知我們會為了這種事煩惱、兄弟反目，還不如不要得到那麼多遺產。」

誠如Y先生所說，為了遺產而苦惱、兄弟姐妹間失和，是任何人都不樂見的。

以父母親的立場而言，當然也不是為了讓孩子煩惱才留下財產的。因此我想建議各位，請在死前花光自己所有的財產。

畢竟無論存多少錢，也無法把錢帶到另一個世界，既然如此，為什麼不在活著的時候開心地花用呢？

在日本，個人金融資產總共約有一千六百兆圓，而且大多數銀髮族並未為了生活花掉所有的個人資產，身後平均留下兩千萬圓。

退休前把錢都花在孩子身上的人，在退休以後，不妨把錢花在自己身上，盡可能充實地度過今後的人生吧！

比起金錢，「一句安心的話」更有用

即使花光所有的積蓄，也不代表無法留給子孫任何東西，像我就正在考慮和一休大師留下相同的東西當遺產。

大家應該都知道，一休大師就是室町時代真實存在的臨濟宗僧侶一休宗純。他有許多家喻戶曉的軼事，包括曾從「不能過的橋」的正中央通過；在被要求「綁住畫在屏風上的老虎」時，則回答「請先把老虎從屏風裡趕出來」。當時的一休大師據說只有八到十歲左右，可見他從小就聰穎過人。

一休大師在八十八歲那年辭世，在現代就已經算是長壽了，在當時更可說是長壽中的長壽。即便如此，據說一休大師死前喃喃地說「不想死」，令人難以想像這種對現世的依戀是出自一名悟道高僧之口，不過換個角度來看，也的確像是充滿人情味的一休大師會說的話。

這樣的一休大師在臨終前曾經交給弟子們一封信，並對他們說：「遇到困難時就打開它。」

弟子們都以為那封信肯定是天皇賜予廣大領地的證明，或是埋藏寶藏的地圖。

數年後，弟子們果真遇到了一籌莫展的狀況，終於到了仰賴師父遺產的時刻。他們打開了一休大師留下的書信，沒想到裡面只寫著「別擔心，沒事的，總會有辦法」——實在是充滿一休大師機智風格的「臨別贈言」呀。

弟子們看了信裡的內容後究竟做何感想，可惜沒有人記錄下來，恐怕大部分的人都覺得很失望吧。不過回頭想想，我認為沒有比這句話更棒的遺產了。

陷入束手無策的境地時，我們的眼界往往會變得狹窄，儘管脫身之道其實就在眼前，卻因為視野變窄而忽略了原本看得到的方法。在這種時候，聽到師父一句「別擔心，沒事的，總會有辦法」，弟子們或許就會找到應該前進的方向了。

我也想向自己的子孫傳達這種「堅強有力的樂觀主義」，無論多麼走投無路，我都要告訴他們「人生不會在這裡結束」。說不定，他們也會因為我留下來的不是錢而感到失望哩。

別感嘆「一把年紀」，梅開二度又何妨

近來專為銀髮族設計的相親活動相當受歡迎。究其原因，是由於日本三一一大地震時，銀髮族在電視、報紙和雜誌上看到受災地的人們互相幫忙、一起朝重建之路邁進的模樣，而深深感受到家人的重要以及單身的無依

無靠。

說起來，每當發生戰爭或重大災害與意外時，出生率都會上升。這種現象據說是起因於「人們想要尋求羈絆」，照這樣看來，三一一大地震的影響果然相當大呢。

參加相親活動的人雖然大多喪偶，但最近熟年離婚或至今從未結過婚的參加者也變多了。無論參加的理由為何，畢竟接下來的人生還很漫長，梅開二度的確不失為一個好選項。對於和新伴侶共同生活、展開第二次的人生（或是第三次、第四次……）這件事，我認為不需要裹足不前。

更何況，戀愛還是長壽的萬靈丹。若說幸福的回憶是讓人健康活到老的祕方之一，那麼戀愛就是幸福回憶中的極致，所以效用也最高。

此外，人只要一談戀愛，就會開始在意打扮和舉止。女性會比平常更用心化妝，男性也會特別注意自己的髮型和穿著。這些行為會連帶活化先前介紹過的「公眾自我意識」，使身心變得神采奕奕，每天的生活也會因此產生重心。

除此之外，戀愛還有各式各樣的效用，例如「降低心臟病發生的機率」、「提升血液中神經生長因子的濃度，預防失智症、讓細胞回春」等，而且「接吻還會釋放腎上腺素和荷爾蒙，延年益壽」。

德國大文豪歌德在七十多歲時和十八歲的少女烏爾莉克陷入熱戀，大膽向對方求婚；日本文學研究家物集高量不受限於百來歲的高齡，依然和二十六歲的年輕女性陷入忘年之愛，而在物集先生漫長的情史中，那位女性是他畢生第三十四位戀人。看了上述的例子，我想各位應該就不會再認為「相親很丟臉」了吧？

遺憾的是，歌德的求婚似乎被拒絕了，但也因為失戀，使他創作出動人的詩作〈馬倫巴悲歌〉，換句話說，即使戀情無疾而終，他依舊留下了美好的回憶。如前所述，美好的回憶同樣對長壽有所助益。成功也好，失敗也罷，既然對身心有正面的影響，不妨就多談幾場戀愛吧！

婚姻的形式不只一種

前面我們都把焦點放在銀髮族結婚和戀愛的優點上，但談戀愛跟結婚同樣有該注意的地方。

不妨想像一下和獨居多年的人結婚的情況。在高齡結婚的案例裡，有些人甚至已經一個人生活了五十年，突然要和別人共同生活，想必會感到不自在。

一位早已習慣單身生活的事業女強人說道：

「一直以來我總是埋首於工作，就算一個人住也從不會感到寂寞。可是，即將退休時，我突然開始在意起老後的事情，總覺得很害怕。和認識多年的男性友人說了這件事後，他問我要不要乾脆嫁給他，我嚇了一跳，但也覺得很高興，於是就和他結婚了。

不過我們現在還是處於分居狀態。畢竟我們兩個人都獨居太久了，要是同居，肯定會對對方失去耐性。老公和我意見相同，我們只有每週末會住在一起，也沒有硬性規定誰要去誰家或是要幾點去。雖然和一般的婚姻生活很不一樣，但要維持目前的良好關係，我認為分開住是最好的方式。就算不住在一起，『我已經結婚了』或『我是有夫之婦』的歸屬感，也已經成為我心靈上的重要支柱，這些都是單身時代的我所無法體會的。」

年輕時結婚，要養小孩、繳房貸，還得在意世人的眼光，因此除非工作上需要單身外派，否則實在很難在已婚的情況下分居。不過，銀髮族結婚就沒有這樣的限制，有多少對夫婦，就有多少種婚姻的形式。捨棄「因為〇〇所以不能結婚」這種消極的想法，盡情發揮天馬行空的創意，創造嶄新的婚姻型態吧！這可是到了歷經滄桑的年紀才能達成的「真本事」呢。

此外另一個需要注意的，是許多梅開二度的銀髮族婚姻無法得到兒女的諒解，經常引起反彈。

「老婆過世十年後，我開始去相親。在第三次的相親會上認識了一位很棒的女性，打算將來和她同住。可是，當我把這件事告訴孩子時，卻遭到他們強烈反對，毫不留情地說我『一把年紀了還結婚，真丟臉』，或是說『那個人一定是覬覦你的財產』。雖然我不奢望孩子們能懂，但也不想加深親子間的裂痕，所以現在雖然仍和那位女性交往，卻沒結婚也沒同居。我還在期待孩子們哪一天能理解，只不過，我不知道能不能活到那個時候呢……」

（K先生，六十二歲）

日本社會雖然有所謂的結婚適齡期，但如果遲遲沒能找到心儀的對象，也沒有必要勉強結婚。要是已經找到想結婚、想交往的對象，無論幾歲，當下都是結婚適齡期。所以，我認為無須介意「都一把年紀了」這種話。

至於子女說出「覬覦財產」的話，自己也多少要能理解。銀髮族的結婚對象確實容易被親戚或家人當成是以財產為目的，這也是沒辦法的事。

因為婚後要是K先生過世，再婚的女性也會擁有繼承權，兒女們「能分到的份」就會變少了。

為了避免這類麻煩，如前所述，我建議各位「自己的錢自己花光」，要是做不到，不妨寫下遺書，事先決定配偶和兒女們各自繼承的份吧。

同居的精髓在於坦率與體貼

距離東京約莫一百公里左右的近郊，住著一位六十一歲的女性，數年前丈夫往生後，她便獨居至今，生活上倒也沒有任何不便。然而去年她在玄關跌倒，腳受了傷，突然對獨居生活感到很不安，心想這次幸好只扭傷腳，要是受了更嚴重的傷，真不知道該怎麼辦才好。

話雖如此，卻又不好開口說要搬去跟兒子住……正當她為此煩惱時，兒子告訴她老婆懷孕了，想請她過去幫忙。「反正將來也得把媽接來一起住，妳就當做是先來適應環境吧。」聽了這番話，老實說她相當高興，於是點頭答應了，但難免還是有些不放心。

就像這個案例一樣，原本和兒女分開住的雙親，後來之所以會和兒女同住，大多是因為「孫子誕生」或「父母親其中一方變成單身」。近來雙薪家庭成了常態，家裡如果有爺爺、奶奶能好好照顧孫子，無疑是幫了大忙。等到孫子長大後，則輪到兒女來照顧體力逐漸走下坡的父母親，三個世代齊心協力共同生活，想必是相當美好的事。

如果家中有育兒經驗豐富的祖父母坐鎮，無論小孩受傷或哭鬧，都能冷靜判斷、處置，讓父母親放心。從這方面來看，三代同堂也是不錯的選擇。

但所謂「說時容易做時難」，三個世代實際住在一起的話，一定會產生許多問題。

要和分開許久的兒子和嫁進家門前素不相識的媳婦在一個屋簷下生活，對銀髮族來說並不是件簡單的事。要是滿腦子以為會像古早連續劇那樣一家和樂地圍在餐桌前用餐，或是全家人慈愛地守護孫子長大，事後鐵定會失望地發現「跟想像中不一樣」、「一個人住還比較快樂」。因此切記不要抱著過度美好的期待，當然，和女兒、女婿同住也是一樣。

同住兩個字說來輕鬆，事前卻需要充分的時間和金錢，並與配偶、兄弟姐妹、親戚好好討論。為了不至於白白浪費力氣，我建議同住之前就要先制定好生活守則。

比方說誰要坐在餐桌的哪個位置、誰用哪一條毛巾、電視遙控器的掌控權在誰手上等等，連這類雞毛蒜皮的瑣事都事先決定好，才能避免日後為此傷和氣。

當然，現實生活中是不可能事先決定好所有事情的，有時候也會「實際執行後才發現不適用」。碰到這種情況，雖然可以一項一項慢慢解決就好，但解決時千萬不可以敷衍了事，至少要遵照基本原則來「制定守則」。

要是違逆了基本原則，問題就會隨著時間而惡化，同住生活只會愈來愈痛苦。如果不希望演變成這種局面，愈是難以啟齒的事愈要及早談清楚，才能聽見大家的心聲，像是「這一點我絕不讓步」、「那一點你一定要遵守」、「這點程度希望你別計較」等等。

要是不能暢所欲言，就無法長久生活在一起。因此，像這樣坦率交換意見是非常重要的。

等到同住以後才被嫌棄、被當成累贅，被說「早知道就不要把媽接過來住」，可就太遲了。我曾經針對這一點詢問過和孩子夫妻同住的長輩，多數人的意見是「覺得不放心的話，還是直接問最好」、「在不用客氣的地方客氣，反而會有壓力」。

只不過，坦率固然重要，但更要緊的是懂得體貼對方。聽起來或許理所當然，但做不到的人其實出乎意料地多。除了要把早安、晚安、謝謝等寒暄和感謝的話隨時掛在嘴上，出門散步時也要盡可能告知去處，或是隨口問一句「要不要我順便買東西回來」，舉手之勞的體貼將會成為不同世代之間的潤滑劑。

從好的方面來說，睜一隻眼閉一隻眼也很重要。即使興趣和嗜好各有不同，或是看不慣對方打掃和洗衣服的方法，也都請假裝沒看見吧！這麼一來就不會為了小事發生口角。此外，除非對方主動提起，否則也千萬別干涉別人的隱私。

如果一個人住，不妨試著把狗狗當朋友

如今六十五歲以上的男性，每十個人當中有一個人獨居，女性中則是每五個人有一個人獨居。日本社會高齡化的速度今後將愈來愈快，所以這樣的比例還會往上攀升。也就是說，獨居銀髮族將會成為普遍的社會現象。

先前曾經介紹過，孩子和父母同住的原因之一是「父母親其中一方變成單身」，但其中有些銀髮族即便孩子們好說歹說也堅決不搬家。當然，人生

是屬於自己的，如何選擇端看個人自由，只不過，這樣真的好嗎？

這個問題的答案，只要看看日本官方發表的「二〇一四年度獨居高齡者意見調查結果」便一目瞭然了。

以下的數據也許令人意外，不過回答「滿意自己的生活」的獨居銀髮族，竟然高達百分之七十八．七，其中女性更是高達百分之八十三。另外，有關「今後是否考慮和他人同住」的問題，回答「繼續獨居就好」的銀髮族也占了百分之七十六．三。而在二〇〇二年，針對同一個問題回答「繼續獨居就好」的人則占百分之七十一，由此可知這十年來，銀髮族變得更獨立了。

現代的銀髮族雖然強烈希望能「不用顧慮他人，一個人自在生活」，但同一份調查也顯示出銀髮族會因為沒有心意相通的對象而感到失落。對於「是否有分享悲傷與喜悅的對象」這個問題，有近兩成左右的銀髮族回答「沒有」。

話雖如此，老了以後要交朋友也不容易。既然對方是人的話自己會忍不住顧慮東顧慮西，那麼乾脆就把狗狗當成分享喜怒哀樂的朋友吧！

我曾聽說有位男性喪妻後，兒子就想盡辦法要他搬去同住。雖然他表示想一個人生活而婉拒，還要兒子別再提起這件事，但過沒幾天，兒子卻又突然登門拜訪，還帶來一隻狗。「這隻狗狗叫洛奇，我家裡不能養，你幫忙照顧一下吧！」說完便自作主張把狗交給他，雖然他覺得兒子很不負責任，卻也從倉庫搬出了以前用過的狗屋，還把用不到的碗拿來裝水和飼料，勉強整理出一個像樣的環境給狗住。

從此以後，他的生活便繞著狗狗打轉。不是早上被狗吵醒而得帶牠去散步，就是必須倒水、倒飼料給牠吃，到了傍晚還得再散步一次。剛開始雖然辛苦，但朝夕相處一個星期後，據說他就對狗狗產生了感情，萌生想要養牠的念頭。因為每天早上六點以前就會被吵醒，因此不僅生活變得有規律，也養成了散步運動的好習慣。

此外，以前他常常一整天說不到幾句話，但自從狗狗來了以後，他總是和牠暢談大小事。無論發多久的牢騷，狗狗都不會不耐煩，說起來可能比人類還擅長聆聽呢！他想，這一切說不定都是兒子設計好的。

果然如他所料，兒子的確是想讓狗狗幫忙照顧父親。有人聽了可能會生氣地說：「明明是人在照顧狗吧！」不過在臨床上，光是和動物接觸其實就能減輕患者的壓力，甚至改善失智症，這就是所謂的「動物輔助治療」。

換句話說，養狗就等於是在家實踐動物輔助治療，還能促進精神健康。除此之外，每天遛狗也是一種適度的運動呢。

不能養動物就養植物吧

有位男性自從開始獨居後，漸漸體會到比起過去，現在更需要與左鄰右舍保持往來。但是，以往這些事全部都是交給太太處理，他根本不知道該怎麼做才好。恰巧這個時候有人建議他養狗，於是他就真的認養了一隻狗。起初雖然是為了排遣寂寞而養狗，但在遛狗時，他竟和一樣帶狗出門的鄰居自然而然聊了起來。

人類有一種心態叫做「相似性原則」，就是容易親近興趣相投的對象。日常生活中雖然不容易看出他人的興趣，但如果和狗狗一起散步，別人馬上就會知道「這個人喜歡狗」，於是同樣陪狗狗散步的人就容易變得熟絡。

有人可能會失望地說「我想養寵物，可是公寓不能養」，但其實可以養小型犬的公寓最近愈來愈普遍，不妨向管理委員會確認看看。

另外，也有不少人擔心上了年紀才開始養寵物，日後會比寵物早一步離開人世。的確，由於小型犬當中壽命較長的可達到十五年以上，所以這樣的擔憂也算合情合理。如果要養寵物就要有責任感，事先考慮好當自己有了萬一、無法繼續飼養時，該將寵物託付給誰。不妨及早與兒女、親朋好友或是動物醫院的獸醫商量看看吧。

若是情況實在不允許養狗，那麼不妨種植物。植物也是生物，所以同樣可以為身心帶來正面的影響。我的朋友曾經說過「種菜和養小孩很像」，這麼說來，透過照顧植物，說不定也能再次體驗為人父母的滋味呢。

租借市民農園種菜的話，不僅在陽光下勞動有助於增進健康，還可以結交同好。

如果住家附近沒有市民農園，那麼我推薦陽台菜園。迷你番茄與香草出乎意料地可以在公寓陽台活得很好，不但有益身心健康又美味，還能節省伙食費，請一定要試試看。

不干涉兒女與孫子的人生

最近，討厭被干涉而不與鄰居往來的人似乎愈來愈多了。尤其是公寓的住戶，有時連隔壁住了誰都不知道，這一點相當令人驚訝。

然而，有不少人雖然討厭被他人干涉，卻總想干涉自己的兒女和孫子。相信每個人都曾經在青春期對父母的干涉感到不耐煩，在這個時期，父母親有監護孩子的責任，出手干涉是理所當然的行為。但是孩子長大成人之後，有些父母親卻仍舊不肯鬆手。

U女士（六十八歲）正是一位長期干涉孩子生活的母親，但她卻認為自己的理由很正當：

「我兒子今年都四十二歲了，卻連一點結婚的意願都沒有。也不曉得我會不會哪天突然就走了，所以想快點抱孫子啊！可是我兒子好像連女朋友都沒有，所以我才到處打聽，找人給他做媒。只不過一直沒能找到合適的對象，我打算下次瞞著他，幫他報名婚友社。」

兒子年過四十還單身，做父母的的確會擔心。不過，日本的結婚率雖然年年降低，初次結婚的平均年齡卻是逐年升高，過去「女性要在二十五歲以前結婚，男性則要在三十歲以前結婚」或許是常識，但近來「超過四十歲才結婚」倒也不怎麼稀奇了。加上選擇不婚的人愈來愈多，照理說父母親實在沒有必要比孩子還焦急。說到底，結婚或不婚是他們的自由，就算是父母也不應該插嘴。

此外，這位兒子之所以不結婚，說不定一部分的原因是出在U女士身上。以男性而言，心理上的獨立大約在二十四至二十五歲就定型了，要是在這之後母親仍過度干涉，戀母情結的傾向將一輩子無法根治。如果演變成這種情形，即使勸孩子「要獨立」、「要結婚」，孩子也難以切斷和母親之間的關係，無法下定決心獨立或結婚。

不過，U女士的例子還算是輕度的，因為她的兒子並沒有顯露出不悅，也沒有明確拒絕她的干涉。而父母親的干涉還有以下這種例子：

「開始工作以後，母親還是不斷干涉我，令我很傷腦筋。稍微晚一點回家就一直打電話來，還會管我薪水要怎麼花，對我的穿著打扮和化妝都有意見，如果不聽她的，她就會趁我上班的時候把她不喜歡的東西統統丟掉。我始終默默忍耐，直到有一天她知道我交了男朋友，要我馬上帶男友去給她看，讓她鑑定對方是不是適合我。那時我覺得我的忍耐已經到了極限，於是事先租好房子，把行李一點一點地搬走，離開了那個家。當然事後我有通知她，但並沒有告訴她我搬到哪裡，也換了手機號碼。一個人住雖然辛苦，卻能過得更自由，我覺得很滿足。」

父母親之所以干涉孩子，最大的理由是擔心，希望孩子能過得好——雖然我真的希望是這樣，但卻覺得上述這位母親顯然是想要孩子一切照自己的意思行事。

若孩子年紀小，這樣的心態還說得過去，但孩子成人以後，仍想要依照自己的意思擺布孩子，不但大錯特錯，也是不可能的。要是真的這麼做，現實上和精神上一定都會被孩子疏遠。

雖然這可以說是母親自作自受，但孩子本身應該也會為此相當難過吧。

為了避免悲劇收場，家長必須轉換觀念，理解「孩子不會永遠只是個孩子」。嬰兒潮世代往往有著根深蒂固的觀念，認為「工作、結婚、有了小孩之後，才算是真正獨當一面」，因此才會擅自認定孩子就算成年或出社會了，都還只是個孩子，超過四十歲但還沒結婚，對父母來說也還是個孩子。

然而，孩子們的想法與生活方式，和父母親那個世代是完全不同的，所以在孩子打下了自己的生活基礎、能夠做到最起碼的獨立之後，就該考慮放手了。過了放手的時機而依舊照顧孩子、過度干預孩子的一切，反而會令孩子錯失讓父母獨立的機會。

活用經驗回饋社會

無論是誰，應該都曾經對自己的孩子或晚輩說過「我出社會以後才驚覺以前應該更認真念書」、「自己學得不夠多」之類的話，這些實用的建議正是基於個人經驗，社會人士的講座或文化中心的課程之所以受歡迎，就是因為這樣。

同樣的，邁入期待已久的退休生活後，銀髮族往往也會想要「做點什麼事」、「為社會付出」——人類恐怕打從一開始就被打造成不習慣每天無所事事吧。

根據哈佛大學的研究，孤獨的人與不孤獨的人相比，壽命會減短百分之四十五，所以與社會或他人保持聯絡，也是為了自己著想。

至於實踐的方法不勝枚舉，參加當地的志工活動也好，試著當在地鄰里的小小螺絲釘也不錯。

但可能的話，不妨以能活用退休前的經驗和知識的事務為優先。這樣一來，不僅能以過去的人生為榮，還能獲得更踏實的生存意義。

比方說，擁有房地產相關工作經驗、本身又住在公寓的話，不妨參選住戶們向來興趣缺缺的社區管理委員會幹部。

近來老舊公寓成為都市的一大問題。日本在高度經濟成長期所蓋的公寓已經瀕臨使用年限，愈來愈多公寓即使不改建，一而再、再而三的故障也會花掉龐大的修繕費。但由於老舊公寓裡大多住著銀髮族，難以一一取得同意進行改建或修繕。

而說服這些住戶們點頭，正是管理委員會幹部的職責。為此我們必須運用至今累積的專業知識與交涉能力，這對容易衰退的銀髮族腦部也會形成相當良好的刺激。

表面上是為了住戶而工作，實際上也能避免自己罹患失智症——只要這麼想，參選的意願想必就會提高很多吧。

如果是在醫療、農業、公益、教育、能源等領域擁有專業技術的人，不妨試著參加日本國際合作協會（JICA）招募的「銀髮族海外志工活動」（實歲須四十歲到六十九歲）。在國外從事一到兩年的志工活動，不但對國際社會有所貢獻，還能夠擁有過去在職時所沒有的經驗。

有位正在從事銀髮族海外志工活動的男性，在六十歲那年從大型報社退休，婉拒了二度就業的請託，而參加了ＪＩＣＡ的招募。目前，他正在南美的祕魯擔任日語教師志工。

他說退休前雖然也做過和日語相關的工作，但要應用在教學上則需要新的技能，因此他為了取得證照，特地上專科學校念了兩年書。之後進一步接受ＪＩＣＡ的培訓，最終被外派到祕魯。如果他那時漫無目標地念專科學校，說不定念到一半就會放棄了，但因為他有心想要教外國的年輕人日語，所以最後才能專心一志完成學業。

遵從自己的意志去做才叫志工

在美國留學時，令我印象相當深刻的是深植於他們心中的志工意識。除了全職家庭主婦以外，放學回家的孩子或醫院的醫師與醫護人員，也都理所當然地致力於各式各樣的志工活動。

反觀日本，擔任志工的意識則相當薄弱。不過，以阪神大地震和三一一大地震為契機，近來從事志工活動的人數有了飛躍性的成長。根據日本官方的「高齡者經濟生活意見調查」（二〇一一年），六十歲以上的銀髮族當中，過去一年內當過志工的男性高達百分之五十一・五，女性則有百分之四十三。老實說，這樣的數據完全超乎我的想像，不免令人感到有些欣慰。

事實上，在我任職的醫院裡也有許多志工，人數多達三百五十名。我們醫護人員無法顧及的地方，都是由他們來補足的，這一點令我深深感激，同時也對他們盡責工作感到驕傲。

說起來，志工的定義是什麼呢？有些人會認為判斷的依據是工資的有無，但事實上並非如此，因為志工當中也有所謂的「有償志工」。

真要說箇中的差別，那就是相對於一般工作是「受第三方委託或是受上司命令而被動執行」，志工則是「按照自己的意志去做某些事情」。

話雖如此，要是對於服務內容挑三揀四，只看自己的心情與好惡行事，也是有違志工精神的。

最近有些高中或大學可以用志工活動抵學分，我認為那樣也不錯。但是，我曾經聽說其中有一些學生是「為了拿到學分而勉強去做不願意做的事」，而讓活動現場的人員不知該如何應對，傷透了腦筋。

不只是學生會出現這種情形，如果各位當志工的動機是「想讓周遭的人覺得我很了不起」、「聽說有供餐，所以才想參加看看」，雖然這麼說有些殘忍，但我希望這些人還是不要參加的好。

當志工和做一般工作一樣，承接以後就必須負起責任完成，也不允許挑三揀四。正因如此，才可以令人感受到志工活動的意義所在，也才能透過擔任志工度過充實的時光。

把心情說出口，人生更快樂

「我真的再也受不了我老公了！」

H女士（五十八歲）果決說道。據說她的丈夫早在三年前就已經退休，但為什麼到了現在H女士還會大喊吃不消呢？

「前陣子我孫子出生，所以我去兒子家幫忙。過了一個星期左右回到家，家裡竟然變成了垃圾屋！鍋碗瓢盆全都堆在流理台，廚餘從垃圾筒裡滿出來，拜那些東西所賜，整個家飄散著一股臭味，果蠅滿天飛。而且髒衣服就這麼扔在洗衣機裡，浴缸看起來也沒刷洗過，我看了氣得大罵：『這是怎麼回事！』沒想到老公居然沒有一絲內疚，還淡淡地說：『家事本來就是妳該做的，所以我才什麼都沒做啊。原本還以為妳會早點回來呢。』

雖然已經筋疲力盡了，但我還是默默開始大掃除，前前後後花了快五個小時才全部整理完。我故意用施恩的口氣向老公說：『看，我都幫你整理乾淨了。』但他只是邊看電視邊應了一聲『哦』。我雖然不是為了要他感謝才整理家裡，但連一句『謝謝』都沒有，未免太過分了。

如果『家事本來就是妳該做的』是他的真心話，那我豈不是跟傭人沒兩樣？要是他只把我當成傭人看待，那我實在無法再跟他一起生活下去了。」

許多男性聽到這段話應該會覺得很刺耳吧？這麼說雖然對諸位女性同胞相當失禮，不過大多數的中老年男性確實都認為「男主外女主內是天經地義的」。H女士的丈夫恐怕也是這麼想的吧。

但是，那終究只是男性自以為是的想法，因為夫妻關係本來就是平等的，所以在退休以後，更要捨棄那種錯誤的觀念。

丈夫之所以會對妻子說出「家事本來就是妳該做的」這種輕蔑的話，還有另一個理由，那就是出於撒嬌的心態，以為「無論對老婆說什麼她都不會動怒」、「無論我做什麼老婆都會原諒我」。不過，會把這種行為當做撒嬌的只有丈夫自己而已，忍無可忍的妻子最終會像H女士一樣爆發出來。因此，察覺自己的任性、及早改變態度才是上上之策。

即使沒有自以為是到這種地步，嬰兒潮世代的男性中，仍然有許多人抱持著偏差的觀念，認為「不該輕易把心情說出口」。

有這種觀念的人，通常會單方面認定「就算我不說出內心的感謝，老婆也應該會知道」。可惜的是，就算是相處再多年的夫妻，如果不說出口，心意也無法傳達給對方。

證據就是在一項「嬰兒潮世代夫妻調查・改善夫妻關係的方法」的問

卷中，有將近半數出生嬰兒潮世代的妻子們表示「希望聽到丈夫親口說謝謝」。

夫妻雖然是百年修得共枕眠、得以彼此相伴多年，但說穿了，原本也只是陌生的兩個人。想要相互理解，就一定要建立起雙向溝通的管道。為此，必須認清「不說出口對方也應該會知道」其實是一種「任性」的表現，應該立刻捨棄這種想法。

可以的話，請在退休當天對妻子多年來的支持表達感謝，「過去真是謝謝妳了」，這對她而言會是最感動的一句話。假設已經退休了，那就在日常生活中的小地方表達謝意吧。比方妻子遞來報紙、張羅飯菜、燒洗澡水、打掃家裡的時候，都別忘了說聲「謝謝」，短短的兩個字，會為夫妻關係帶來驚人的改善。

要以往總是高高在上的自己向別人道謝，一開始可能會表現得很彆扭，但妻子一定能感覺得到你想改變態度、傳達感謝的心意，請各位多多加油。

不只是丈夫，妻子也別忘了表達感謝

前面雖然都在責怪男性同胞，但不消說，女性同樣需要尊重男性。

身為妻子，容易誤以為危險的高處作業、搬重物是男人該做的事，丈夫退休在家之後，就開始把以前做不到的種種瑣事全部丟給丈夫。

舉例來說，像是「燈泡壞了去換一下」、「我要換擺設，幫我把那張餐桌推過來」、「去修剪院子的樹木」等等。

做這些事本身並非不好，但千萬不要覺得「反正老公閒閒沒事也只是看電視，幫忙做這點事情是應該的」，要是對方幫忙把交代的事做好，至少要向他說一聲謝謝。

畢竟，退休後一起生活的時間變得更長了，請對方幫忙做家事的機會也會變多。這時可以溫和地請對方幫忙，像是「可以幫我打蛋嗎？」、「麻煩你幫我削馬鈴薯」、「洗好的衣服要折喔」、「碗盤我來洗，你幫我擦乾吧」。

嬰兒潮世代的男性當中，有些人從來沒有做過家事，所以剛開始可能常常搞砸。儘管如此，也請各位太太把焦點放在丈夫做得好的那一面，「真是幫了我大忙，謝謝你」、「以第一次來說做得不錯耶，謝謝」，盡量像這樣傳達感謝的心意。

只要是人，都會想要被感謝、想要派上用場、希望自我價值被認同，這就是先前介紹過的「尊重需求」。退休後的男性失去了滿足這種需求的機會，內心往往備感壓力，所以一點點稱讚或感謝的話，都能振奮他們的心情，未來的某一天，他們或許就會主動問妳需不需要幫忙了。既然長久的將來還要持續共同生活，像這樣彼此扶持才是最好的做法。

建議生前就選好墓地

誠如我先前提過的，在日本，陷入孤獨死的銀髮族正快速增加。如果遺體沒有近親或其他人認領、處理，當地政府就會將遺體火化後葬在公墓內的無主墓。

然而，即便找得到近親，仍會有家屬或親人拒絕領回遺體或遺骨，這一點雖然令人難以置信，但據說日本每年無人祭拜的亡者高達三萬人以上。

有些人認為人死後一切都將歸於虛無，要是這樣，被葬在無主墓或許不會心生不滿，但也有很多人不願意死後和陌生人合葬，這時就不妨在生前早點選好墓地。

在生前提早選好墓地，不僅死後安心，最後的歲月也能過得安穩平靜。

我之所以能如此斷言，是因為我早就在二十幾年前選好了墓地。

當時我才四十歲，根本無法想像自己會死，別說是死了，甚至連變老的自覺和意識都沒有。那麼，我為什麼會想要先選好墓地呢？那是因為我覺得自己「差不多該安頓下來了」。

回想起來，我的上半輩子實在是漂泊不定，婚後不到二十年就已經搬過九次家，可見那時的我有多麼不安定。雖然也曾基於職務調動或家族成員增加等因素而不得不搬家，但我大半時候都是因為「想轉換心情」才搬家的。

搬家後心情的確轉換了，但每搬一次家就得買賣一次房子，存款愈來愈少，房貸卻是有增無減。要是照這個樣子繼續搬家，我說不定也已經朝著老後破產的路筆直前進了。

我最後沒有淪落到老後破產，是因為我在第九次搬家時，成功說服了自己「往後再也不要搬家」——我決定把新居當做「一輩子的避風港」。

於是，為了更加堅定決心，我在離家不遠的寺廟裡幫自己買了一小塊墓地。

在那之後，元旦時掃自己的墓就成了我的習慣。

「掃自己的墓是什麼感覺啊？」

一定有很多人對此感到好奇，事實上我也一樣。當時雖然猜想「感覺肯定很彆扭」，但實際上究竟會萌生何種情感，根本無從想像。

然而，真的這麼做的時候，會發現其實一點也不覺得彆扭。

在自己的墓碑前合掌跪拜，竟意外地可以站在客觀的角度看待自己。換句話說，就是能和自己面對面，進行一場最真誠的對話。

生前選好墓地，就能無後顧之憂地享受退休生活

「最了解我的人就是我自己。」

雖然我們總是這麼認為，但是，事情真的是這樣嗎？

比方說，當眼前出現好幾個選項的時候，有些人並不會選擇自己真正想做的事，而是會選擇符合眾人期待的選項，而且不少人並未察覺到自己有這樣的傾向。

在超市兼職的O女士（六十八歲）正是如此。她在職場上被大家暱稱為「老媽」，是受到眾人景仰的溫柔女性。

「『老媽，我明天臨時有事，妳能不能跟我換班呢？』如果同事這樣拜託我，就算已經預約要看診，我也會笑著回答：『好啊，沒問題。』雖然我覺得自己很傻，但只要大家開心也就無所謂了。

結果有天早上，我突然覺得全身倦怠、沒辦法起床，到處聯絡同事幫我代班，卻沒有人願意幫我。最後我拚了老命才爬起來上班，那時我心想『原來大家心裡都只想到自己，那我以後還是自私一點好了』。後來，我開始回絕自己辦不到的要求。起初很怕被大家討厭或惹對方生氣，總是提心吊膽地補上一句『對不起』，沒想到大家倒也不以為意，只回我『那好吧』、『抱歉，不該勉強妳的』。當我理解到原來是自己以前做過頭的時候，身心頓時變得輕鬆多了。」

O女士之所以全身倦怠到沒辦法起床，恐怕是壓力造成的。因為太過壓抑自己的情緒，才會出現那樣的症狀。

替他人著想雖然重要，但為了別人不惜封閉自己的想法或心情，可就大有問題了。

然而，傾聽自己內心的聲音、與自己暢談真心話的機會並不多。而我在選好墓地以後，就得到了這個寶貴的機會，每次掃墓時，墳墓裡那個彼岸的自己和現世的自己就會像老朋友一樣對話。

我不敢保證生前選好墓地後就必定能有這種體驗，但至少我本人的確有過這樣的經驗。

順帶一提，我的墓碑上面刻的不是名字，而是「Liaison」這個英文單字。Liaison一般是指法語的一種發音方式，但在醫院裡，則是指精神科醫師和其他科別的醫師攜手組成的團隊，是一種盡最大力量支援病患和家屬的系統。我把推動醫療界的Liaison視為個人畢生的課題，因此下定決心，這輩子要竭盡全力、貢獻所能。我的墓碑上所刻的，就是這樣的信念。

生前的墓地就像這樣，可以在墓碑上刻下自己期望的碑文，因而湧現無比的親切感。雖然會有人認為「預設自己會死而買墓地實在很觸霉頭」，但事實上正好相反，相傳古代就有「生前造好自己的墓便會長生」的說法，何況有句成語說得好，「有備無患」。

在生前選擇墓地時，即使無法獲得像我一樣的體驗，但要是可以趁早打理好一切，就能無後顧之憂地享受退休後的生活了，各位說是不是呢？

樂活・LOHAS

上流老人：不為金錢所困的75個老後生活提案

2017年1月初版　　定價：新臺幣320元
2019年7月初版第五刷

著者　保坂隆
譯者　Uko
叢書主編　林芳瑜
叢書編輯　林蔚儒
整體設計　黃鳳君

出版者　聯經出版事業股份有限公司
地址　新北市汐止區大同路一段369號1樓
編輯部地址　新北市汐止區大同路一段369號1樓
叢書主編電話　(02)86925588轉5318
台北聯經書房　台北市新生南路三段94號
電話　(02)23620308
台中分公司　台中市北區崇德路一段198號
暨門市電話　(04)22312023
郵政劃撥帳戶第0100559-3號
郵撥電話　(02)23620308
印刷者　文聯彩色製版印刷有限公司
總經銷　聯合發行股份有限公司
發行所　新北市新店區寶橋路235巷6弄6號2F
電話　(02)29178022

總編輯　胡金倫
總經理　陳芝宇
社長　羅國俊
發行人　林載爵

行政院新聞局出版事業登記證局版臺業字第0130號

本書如有缺頁，破損，倒裝請寄回台北聯經書房更換。　ISBN 978-957-08-4863-2 (平裝)
聯經網址 http://www.linkingbooks.com.tw
電子信箱 e-mail:linking@udngroup.com

ISSHO OKANENI KOMARANAI ROUGO NO SEIKATSU-JYUTSU

First published in Japan in 2016 by PHP Institute, Inc.
Traditional Chinese translation rights arranged with PHP Institute, Inc.
through Keio Cultural Enterprise Co., Ltd.

國家圖書館出版品預行編目資料

上流老人：不為金錢所困的75個老後生活提案/
保坂隆著．Uko譯．初版．新北市．聯經．2017年1月
（民106年）．224面．12.8×18.8公分（樂活・LOHAS）
ISBN 978-957-08-4863-2（平裝）
[2019年7月初版第五刷]

1.老年　2.家庭理財　3.生活指導

544.8　　105024221